N° 100

Tiré à cent Exemplaires.

EN ITALIE

PAR

HENRI FLEURY

VIENNE
IMPRIMERIE ET LITHOGRAPHIE DE JOSEPH TIMON
RUE DES CAPUCINS, 7.

1861.

A

MONSIEUR HYACINTHE FLEURY

ANCIEN MAGISTRAT

Inconnu du Public, inconnu du Parnasse,
Et se faire imprimer ! C'est avoir de l'audace.
Oui, cela serait vrai, j'en conviens, cher ami,
Si de ce bon Public j'avais quelque souci;
Mais mon pauvre bouquin derrière une vitrine
N'apparaîtra jamais; j'imprime à la sourdine !
D'ailleurs, une raison, que tu priseras fort,
Te fera, je le crois, me pardonner ce tort:
Je ménage tes yeux pour que mon griffonnage
Ne te fasse maudire et l'auteur et l'ouvrage.
D'aucuns ont prétendu que mes vers, pris au mot,
Sont d'un hétérodoxe, et sentent le fagot:

Que je serai brûlé, de par saint Dominique,
A la gloire d'en-haut, comme un franc hérétique.
Pour conjurer l'orage et le San Benito
Je t'apporte mon livre en forme d'ex-voto,
N'ayant trouvé rien mieux dans ma pauvre cervelle
Que de mettre ces vers à l'abri de ton aile.
Si pourtant ce volume, à tes yeux amusant,
Te semblait mériter quelqu'encouragement,
Je pourrais bien, alors, à des amis intimes
Faire présent, parfois, de mes modestes rimes,
Et je serais certain, connaissant ton bon goût,
Que ces versiculets seraient lus jusqu'au bout.

EN ITALIE

I

Marseille, mars 1857.

Italiam! Italiam! Et moi aussi je me suis écrié bien des fois avec le poëte : ô Italie ! Italie ! patrie de Cicéron et de César, de Caton et d'Horace, de Tacite et de Tibulle, quand pourrai-je aborder tes rivages aimés des Dieux, contempler ton beau ciel, visiter tes monuments, reliques des vieux âges ? Mais, hélas ! les affaires, qui matérialisent la vie, les révolutions, dont notre France est comme la terre classique, s'opposèrent toujours à la réalisation de ce rêve chéri, si longtemps caressé.

Enfin, mon cher Hyacinthe, la Fortune, dans l'un de ses instants de bonne humeur, me permet d'accomplir ce pèlerinage tant désiré. Cependant, comme si elle regrettait la faveur qu'elle m'accorde, la capricieuse a attendu que plus de douze lustres déjà chargeassent ma tête blanchie, c'est-à-dire l'époque où les forces vous abandonnent, la vue faiblit et la mémoire se perd.

> Jeunes Amours, que l'amant de Lesbie
> A célébrés dans des vers immortels,
> Chers petits Dieux, protégez, je vous prie,
>   En ce voyage d'Italie,
> L'ami constant de vos charmants autels !
> Accompagnez mes pas sur cette terre,
> Où jusqu'au Maître du tonnerre
> S'émancipa plus d'une fois, dit-on,
> — Mais pas toujours avec Junon —
> A porter son encens au temple de Cythère !...
>   Las ! je vois d'ici Cupidon,
>   Souriant de tout ce jargon,

Me dire : « Pauvre fou, dans les eaux de Jouvence
Tu songeras, sans doute, avant que de partir,
Tous autres soins cessant, à t'aller rajeunir,
Ou, dès les premiers pas hasardés hors de France,
    Tu pourrais bien te repentir ! »

Ce sage avis de l'aveugle espiègle, s'il ne me fait pas renoncer au voyage, dissipe néanmoins mes fumées rétrospectives. Je pars donc pour la Péninsule italique avec le dessein bien arrêté de parcourir ce beau pays en philosophe, et de ne plus oublier mes soixante ans — si toutefois la nature de mon esprit me le permet.

La Sagesse vient tard, mais enfin elle arrive.
Faisons-lui bon accueil, elle a bien ses appas :
Si de plaisirs plus doux parfois elle nous prive,
Jamais les noirs regrets n'accompagnent ses pas.

Ainsi, mon cher Hyacinthe, attends-toi à rencontrer dans les lettres que je me propose de t'adresser fréquemment beaucoup plus d'observations sérieuses ou critiques, que ton caractère, toujours jeune et plein de feu, ne te l'aurait fait désirer peut-être. Car tous les hommes ne conservent point cette fraîcheur d'imagination, cet esprit toujours incisif, léger et gracieux, que ton excellent père garda près d'un siècle, et que tu as reçus de lui comme un précieux héritage. Et ce même esprit, j'en ai l'espoir, te fera agréer mes pauvres élucubrations avec la bienveillante indulgence à laquelle tu m'as dès longtemps accoutumé.

Nous sommes partis de Ternay, mon fils et moi, pour nous embarquer à Marseille, le 20 mars, c'est-à-dire le jour même, où, il y a quarante-deux ans, Napoléon fit sa rentrée triomphale à Paris, après le prodigieux retour de l'Ile-d'Elbe. Je ne pourrais rien te dire de Marseille que tu ne saches. Laissons donc cette vieille colonie grecque s'occuper de ses affaires commerciales, se vanter de sa Cannebière, qu'elle croit si pieusement être la huitième merveille du monde, et allons visiter, ou, plutôt, admirer l'aqueduc de Roquefavour, magnifique travail, dont la gigantesque architecture laisse bien loin derrière elle tout ce que les

Romains construisirent en ce genre. Cet aqueduc amène à Marseille, de près de vingt lieues, une partie des eaux de la Durance.

Il te sera facile de te rendre compte de ces travaux véritablement cyclopéens, qui ont pour objet de réunir entre elles deux montagnes escarpées et d'y faire passer la rivière, quand je te dirai que le seul échafaudage de cette construction a coûté la somme énorme de deux millions. Aussi, les quarante ou cinquante arches qui traversent la vallée sur une largeur d'environ quatre cents mètres ont-elles trois cents pieds d'élévation. J'ignore quelle impression produirait sur moi la vue des célèbres pyramides d'Égypte, mais je doute vraiment qu'elle puisse surpasser celle que le voyageur éprouve à Roquefavour.

Il serait certainement très-possible d'accumuler sur un seul point une plus grande quantité de pierres; mais en faire, en même temps, un tout plus élégant et, à la fois, plus majestueux, je me le persuaderais difficilement.

Comme on nous avait parlé de l'Ermitage situé tout auprès, nous nous y rendîmes. Au fond d'une ombreuse vallée, bordée de rochers, et peuplée, tout à l'entour, de chênes séculaires, se rencontre la petite chapelle de l'ermite, mariée, pour ainsi dire, à une maisonnette, creusée, en partie, sous le roc par les mains de l'anachorète.

L'homme de Dieu nous reçoit, ou, plutôt, nous accueille le sourire aux lèvres, avec cet air de bienveillance du prêtre assuré du respect et des bonnes intentions de ceux qui le visitent. Y aurait-il, cependant, dans ces manières si prévenantes, et presque débonnaires, une arrière-pensée d'intérêt personnel? Je ne voudrais pas le croire, quoiqu'à la vérité il vende assez chèrement certaines médailles de Notre-Dame-de-la-Garde; mais, qui donc propagera le culte de Marie, consolatrice des âmes affligées, sinon les serviteurs de son divin fils? Il vend bien aussi des rafraîchissements aux voyageurs; mais, dans ces lieux retirés et presque déserts, n'est-ce point un service humanitaire, au premier chef, que de contribuer à rendre des forces au pauvre pèlerin? D'ailleurs, le Maître n'a-t-il pas promis les récompenses éternelles à celui qui donnerait à manger et à boire au malheureux en son nom. Donner, non vendre, entends-je murmurer à mon oreille certains libres penseurs endurcis, qui, dans leur impiété, veulent sonder les cœurs et les reins. Quant à moi, je fus loin de penser à mal, et ne ferai-je même aucunes réflexions sur la présence à l'Ermitage de certain neveu du vieux reclus.

Ce jeune moine est un capucin espagnol, aux formes herculéennes, à la figure d'Antinoüs, et dont les lèvres rosées laissent paraître deux rangées de dents à faire envie aux plus magnifiques râteliers du célèbre Désirabode. La seule remarque que je hasarderai en passant — honni soit qui mal y pense! — c'est que, dans la vente des pieuses médailles, le beau moine seul avait la pratique d'une foule de jeunes et jolies filles, accourues là, sans doute, en pèlerinage.

  Fillettes, pour l'amour de Dieu,
  Ne venez plus à l'Ermitage ;

Ne tentez point dans ce saint lieu
Le jeune moine encore sage !
Vos charmes pourraient l'enflammer :
Le Ciel fit à l'homme un cœur tendre ;
Il le créa pour vous aimer,
Le froc ne saurait l'en défendre....
Du pauvre hère expatrié
Ah ! fillettes ayez pitié !

Tout rêveurs, et pensant à ces institutions anti-sociales, qui, par le célibat, séparent le prêtre du reste de l'humanité, et en font fatalement un être égoïste, sans liens avec la nation, nous regagnâmes Marseille.

Adieu, mon cher ami, offre une hécatombe à Neptune, afin qu'il nous rende les ondes favorables, car demain nous mettons à la voile pour Gênes.

II

Gênes, mars 1857.

Notre paquebot nous a permis de franchir la distance qui sépare Marseille de Gênes en vingt-quatre heures à peine.

J'étais avide, je l'avoue, de contempler cette cité dont la défense immortalisa, dans la première année du siècle, les héroïques phalanges républicaines, et Masséna qui les commandait. On sait, en effet, que nos soldats, privés de vivres, surent alors intrépidement mourir de faim, et qu'ils ne songèrent à capituler qu'après avoir brûlé leur dernière cartouche.

Tel qu'Annibal borgne était Masséna ;
Tout comme lui ferme, prudent et sage,
Il égala le héros de Carthage.
Et, comme lui, cependant, succomba.
Car la Fortune, au branle de sa roue,
— Ainsi le veut le Maître de là-haut,
Sans doute pour punir de l'orgueil le défaut —
De nous, parfois, hélas ! et se rit et se joue.
Quant au Français, on ne peut le nier,
Il fut pillard autant que grand guerrier :
Tous les couvents lui devaient quelque chose.
Même on prétend, s'il faut croire la glose,
Qu'il prisait fort les vierges du Moûtier,
Qu'il ne leur fit jamais aucun quartier.
Ce n'étaient point de ces nonnes pudiques
Aux doux regards, mais des vierges antiques,
Vierges en or, vierges de piédestal,
Qui le charmaient surtout pour leur métal.

Pourquoi, pourquoi faut-il qu'une telle couronne,
Si vaillamment conquise aux plaines de Bellone,
Perde le pur éclat des plus nobles travaux
Par des taches, hélas! indignes des héros.
Aussi, doit-il, enfin, celui qui tient la plume
D'un stigmate vengeur — faible punition —
Marquer l'homme souillé par la concussion.
Fripons, n'espérez point une gloire posthume!....

Nous ne restons que cinq jours à Gênes; je ne t'en dirai donc que peu de choses, quoiqu'elle méritât à elle seule une large place dans ces lettres. Mais j'ai hâte de gagner Rome, afin d'y assister aux fêtes de la semaine sainte.

Comme toutes les villes d'Italie, la cité où Colomb vit le jour prétend remonter au Déluge. A la chute de l'Empire romain, elle suivit sa fortune, et devint la conquête des Barbares. Longtemps en proie aux guerres civiles, puis, successivement, gouvernée par des doges ou par des podestats, elle parvint à rivaliser avec la République de Venise. Mais Mahomet II s'étant emparé de ses principales possessions, cette ville ne se releva jamais d'un tel abaissement. Au moment où j'écris, Gênes est simplement la seconde ville du royaume de Sardaigne, et ne ressemble plus guère qu'à ces vieilles coquettes mettant du fard, parlant avec emphase de leurs anciennes amours, mais forcées à ne vivre que de souvenirs.

Un fait prouvera mieux que le raisonnement ce que j'avance ici : c'est qu'aujourd'hui la plupart de ces fastueux palais de marbre, qui firent surnommer Gênes *la Superbe*, sont à peu près déserts. Si, toutefois, quelques-uns sont encore habités par les descendants dégénérés de tant d'illustres familles, ceux-ci ne peuvent mener une existence en rapport avec leur naissance, et occupent modestement les mansardes de leurs résidences. Là, de rares valets, à la livrée râpée, montrent, moyennant rétribution, à Messieurs les touristes les chefs-d'œuvre de la peinture qui font encore l'orgueil de ces demeures jadis si splendides !

Le dénûment de ces grands seigneurs est tel, que

j'ai vu l'un d'eux quitter le salon, où il déjeunait avec sa famille, pour que nous pussions visiter plus à notre aise sa galerie de tableaux. Rien, certes, n'attriste d'avantage l'homme au cœur honnête, qui réfléchit à l'instabilité des choses de ce monde, que ce rapprochement que l'on fait, malgré soi, entre le luxe du passé et la misère du présent.

Décadence, grandeur, honte ou bien Panthéon,
Depuis le vieux Adam jusqu'à Napoléon,
Sur un rocher anglais moderne Prométhée,
Pas une nation ne peut être citée,
Qui ne compte à milliers ces victimes du sort
Dont le vaisseau périt sans aborder au port.
Peu d'empereurs romains moururent dans leur couche ;
La race des Capets voit éteindre sa souche ;
Le fils de tant de rois montant sur l'échafaud,
Louis courbe son front sous le fatal niveau ;
Et le dernier d'entre eux, au sein d'une lagune,
Rend Venise témoin de sa longue infortune !
    Mais à l'abri de ces fléaux,
    Mon cher cousin, je t'en conjure,
    Rions-nous de tout, d'Atropos,
    Du grand Jupin et de l'Augure

Qui, pour UN FRANC, prétend guérir
Le péché qui, dans l'avenir,
Hélas! doit nous faire rôtir!....
Menons donc une obscure vie
Loin du monde, loin de l'envie,

Et nous pourrons, enfin, ami, couler nos jours
Sans souci des revers et des sombres orages,
Dont le souffle vainqueur renversera toujours
L'Icare ambitieux qui s'élance aux nuages!

Disons, en terminant, que Gênes, si elle ne mérite plus le nom de *Superbe*, est, néanmoins, une ville fort remarquable par son golfe et son port, l'un des plus sûrs de la Méditerranée. On y admire ses nombreux palais, contenant des trésors de peinture des meilleurs maîtres, ses magnifiques églises, remplies de marbres, de sculptures, de tableaux et de statues, dont le plus grand nombre est d'une beauté réelle.

Mais le vrai titre à la gloire de cette antique cité est bien moins d'avoir donné naissance à ses Doria, à ses

Spinola, à ses Grimaldi, qui, après tout, furent des despotes de second ordre, que d'avoir vu naître dans ses murs l'homme illustre, qui, par la découverte du Nouveau-Monde, donna à Ferdinand d'Espagne plus de royaumes que ses ancêtres ne lui avaient laissé de provinces.

J'aurais, certes, à dire encore beaucoup sur ce pays, mais je dois me restreindre. Je ne parlerai donc qu'en passant de la *villa Pallaviccini*, appartenant au marquis de ce nom. C'est là un véritable combat entre la nature sauvage et la puissance des écus, et dans lequel ces derniers ont remporté la plus éclatante des victoires : le riche Gênois a transformé d'abruptes rochers en véritables jardins d'Armide.

> Tu te souviens de cette enchanteresse
> Dont les attraits séduisirent Renaud.
> Le paladin faillit, dans son ivresse,
> Presqu'oublier la sainte Messe,
> Et de Jésus le saint Tombeau.

Cette Armide, il faut bien le dire,
Arrivait tout droit de l'Enfer;
Aussi son pouvoir de séduire
Était l'œuvre de Lucifer.
Convenons qu'il en va de même
Aujourd'hui qu'il en fut alors ;
Car l'enchanteresse suprême,
L'Ève qui nous séduit, saura sans nuls efforts
Rester, quoi qu'il en soit, la femme que l'on aime !

Femmes, sexe charmant, qu'un Dieu, plein de bonté,
Créa de notre chair afin de mieux nous plaire.
Et qui, pour accomplir sa sainte volonté,
Fîtes vœu solennel de ne jamais vous taire,
Voulant, sans doute, nous charmer
Et par le cœur et par l'oreille,
Mais craignîtes pourtant de trop nous enflammer
Par cette vertu sans pareille,

On dit que, dans le noble but
De nous mener à la lisière,
Chacune de vous résolut
Sur l'homme de garder la puissance plénière,
Et de nous tenir bride en main,
En nous contrariant du soir jusqu'au matin !....

Conservez, conservez cette douce lanière
Entre vos doigts mignons, ça nous fouette le sang;
Sur nous, anges du Ciel, c'est la bonne manière
De maintenir intact le haut commandement;
Car disputer toujours est une triste chose.
 Il vaut mieux laisser couler l'eau
Que de voir contester par vos lèvres de rose
Que mon potage est froid quand je le trouve chaud !

Sur ce, je te quitte, mon cher Hyacinthe, pour te laisser méditer à loisir sur ces réflexions aussi neuves qu'elles sont consolantes. Nous partons pour Rome.

Vale.

III

Rome, avril 1857.

Le parcours des vingt-deux lieues qui séparent Rome de Civita-Vecchia, où nous débarquons, donne, dès l'abord, une pauvre idée du gouvernement papal. Quoi! pas un champ cultivé, presque pas un arbre qui vous offre l'abri de son ombre. Quelques rares troupeaux de bœufs, de buffles et de chèvres, surveillés par des pasteurs à figures patibulaires, annoncent à peine que vous ne traversez point un désert.

Nous rencontrons deux villages seulement, composés, chacun, d'une douzaine de maisons; mais, en revanche, nous avons aperçu huit églises sur la route. Ceci nous donne à penser que les descendants de Cacus ont, comme le célèbre voleur, leur ancêtre, un grand besoin de secours spirituels, ou que Messieurs les desservants jouissent ici d'un éternel *far-niente.*

> Les prêtres que Boileau célèbre en son Lutrin
> A des chantres gagés font réciter l'office;
> Mais ceux que nous voyons au bon Pays Latin,
> Certes bien plus experts, d'ardeur réformatrice,
> S'occupent, nous dit-on, du dimanche au jeudi,
> Au lieu d'édifier, de convertir leurs ouailles,
> A faire avec grand soin engraisser les volailles
>   Qu'ils mangeront le vendredi.

Nous entrons, enfin, vers la chute du jour, dans la ville aux sept collines. Si l'on a eu raison de dire qu'il n'est pas de héros pour son valet de chambre, je me persuade qu'il en est de même des villes illustres, et qu'il ne faut pas non plus les voir en un trop grand déshabillé, c'est-à-dire par le côté qui, servant de demeure aux classes laborieuses, ne possède généralement aucun de ces monuments de l'art, autour desquels ne manque jamais de se grouper la partie aristocratique de la population.

Le lendemain, l'aspect des antiques monuments vint compenser le dégoût que nous faisait éprouver, à chaque pas, la vue des sordides réalités de la Rome actuelle. Logés à l'hôtel de *la Minerve*, nous étions à deux pas du Panthéon, et nous y courûmes.

Cette colossale coupole fut élevée par Marc-Vespasien Agrippa, gendre d'Auguste, après la bataille d'Actium, vingt-six ans avant l'ère chrétienne. Ce temple, dédié particulièrement à *Jupiter Vengeur*, et également aux autres Dieux, est le mieux conservé de Rome.

Hélas! quel que fut leur nombre, ces divinités n'ont pu le défendre et des outrages des hommes et de ceux des siècles. Même, sans respect pour les dépouilles du grand Raphaël, qui y fut inhumé, le pape Urbain VIII déshonora le plus beau spécimen de l'art antique dans Rome en le faisant surmonter de deux ignobles clochers, comparés, à juste titre, à deux oreilles d'âne. Mais un jeu d'esprit ne saurait malheureusement pas détruire une monstruosité.

> Devrait-on pas condamner à la hart
> Tous ces maçons, singes de Michel-Ange,
> Dont nul n'est fait pour être son bâtard,
> Et qui, pourtant, ont la manie étrange
> De retoucher ou de badigeonner
> Ce que le Temps, de sa main si hardie,
> — Qui détruit tout dans l'œuvre du génie —
> A jusqu'ici consenti d'épargner !

Mille descriptions ont été données de ce merveilleux édifice, et tu connais les meilleures ; je m'abstiendrai donc des détails puisque je ne pourrais rien t'apprendre, et courrais risque de devenir fastidieux, ce que je veux éviter, si je le puis. D'ailleurs, ces beautés se sentent mieux qu'elles ne se décrivent : à leur aspect, un saisissement religieux s'empare de vos sens ; vous êtes ému jusqu'au fond de l'âme, et voyez à vos yeux éblouis briller, dans de fugitives lueurs, les rayonnements du divin idéal!

Au reste, il faut avouer que c'est, en général, avec un manque complet de sentiment du beau dans l'art que la Rome ecclésiastique a cherché partout à revêtir d'un cachet catholique les vestiges de la Rome païenne. Ah! pourquoi ne conservâtes-vous pas pieusement la splendide nudité et la grandeur majestueuse de leur prestigieux passé à tous ces augustes témoins des vieux âges? Pourquoi n'avez-vous point su résister à cette manie déplorable de les enjoliver de vos malencontreux colifichets? Pourquoi n'avez-vous pas compris que l'auréole du Dieu-Vivant en fût ressortie plus rayonnante, plus pure et plus victorieuse encore?

Après le Panthéon, et sous le coup de l'impression persistante et sublime que l'on éprouve, tout serait froid, excepté Saint-Pierre. Le sentiment que je viens d'exprimer, aussi bien que la réputation universelle et méritée dont jouit la basilique, nous dictait donc notre itinéraire. Cette réputation, colossale à l'égal du monument lui-même, balance, en effet, je le sais, dans l'opinion des esprits superficiels, celle des chefs-d'œuvre qui feront éternellement la gloire des siècles de Périclès, d'Auguste et de Trajan. Néanmoins, je dois te dire que si ma première visite a été, tout d'abord, pour la demeure des faux Dieux, c'est par cette simple raison qu'elle était la plus rapprochée de l'hôtel que j'habite.

Cependant, avant d'aller plus loin, je te raconterai les déceptions qui nous attendaient dans la Ville Éternelle. Arrivés à huit heures du soir dans Rome, nous n'y connaissions d'autres noms que ceux de César, de Pompée, de Cicéron et, surtout, de ce Lucullus, qui, mangeant trente mille sesterces à dîner, n'eût guère pu, ce me semble, se dispenser de nous offrir quelques reliefs de son festin. Toutefois, comme ces personnages, fort respectables d'ailleurs, étaient tous absents de chez eux depuis près de deux mille ans, nous ne pouvions espérer que difficilement une autre hospitalité que celle de l'hôtellerie; et la *Minerve* elle-même, que tu m'avais recommandée, ne nous offrit, sur ses trois cents chambres, — qui la font assez exactement ressembler à un *columbarium* — qu'une mansarde de la plus modeste simplicité.

Nous arrivions précisément à l'époque où la Semaine Sainte appelle à Rome une foule d'étrangers, de curieux, avides d'assister à ces augustes cérémonies du culte catholique : tu comprendras donc sans peine que la mansarde fut la bienvenue pour des gens qui avaient craint, un instant, de coucher à la belle étoile. Aussi, nous y établimes-nous avec autant de joie que dut en ressentir le pauvre Robinson quand il aborda dans son île.

V<small>ALE</small>.

IV

Rome, avril 1857.

Tout en nous dirigeant vers Saint-Pierre, causons un peu, chemin faisant, des objets qui frapperont nos regards et mériteront notre attention. Nous traversons le Tibre sur le pont Œlius, bâti par Adrien. Baptisé, depuis, par les papes, il se nomme aujourd'hui Pont Saint-Ange. Il est chargé de statues de saints, comme, jadis, il l'était de celles des demi-dieux.

A ce sujet, j'avouerai qu'une chose m'a toujours singulièrement frappé : c'est combien l'espèce humaine est peu inventrice, combien elle est moutonnière. Les peuples et les âges se copient sans cesse les uns les autres, à quelques différences près. Aussi, même avec un superficiel esprit d'examen, on retrouve aisément les types d'où sont sortis les usages, les coutumes et même les religions des nations modernes. Qui ne reconnaît, jusqu'à l'évidence, les saints catholiques dans les demi-dieux païens? Hélas! la faiblesse humaine, désespérant toujours de s'élever d'un seul jet vers la Divinité, a jugé nécessaire de se créer ainsi des intermédiaires, et comme des espèces d'étapes entre la Terre et le Ciel.

> L'Olympe était, — du moins à mon avis —
> Pour qui n'est pas dévot outre mesure,
> Bien supérieur à notre Paradis :
> J'ai pour garant le charmant Épicure.
> Jupin ne fut qu'un Dieu matériel ;
> Il banquetait comme on fait sur la Terre,
> Et, négligeant les intérêts du Ciel,
> Il s'égarait aux bosquets de Cythère.

L'amour était une occupation
Pour tous les Dieux et toutes les Déesses,
Et Jupiter, leur grand amphytrion,
Plus qu'aucun d'eux brillait par ses prouesses !...
Il est bien vrai que Madame Junon
Faisait la moue et se montrait sévère ;
Mais en fronçant ses sourcils sur son front
Le Roi des Dieux savait la faire taire.

Chacun voyant qu'on s'amusait là-haut,
Que chaque Dieu n'était qu'un franc ribaud,
Voulait goûter un tel état de choses,
Qui lui semblait un paradis de roses,
Séjour tentant pour de pauvres mortels,
Qui prisaient fort tous ces plaisirs charnels.
On voit ici la morale païenne
Très-supérieure à notre loi chrétienne,
Où l'on promet seulement aux élus
De la musique, hélas ! et rien de plus.....

   Croyez-m'en, Messieurs de la Messe,
   Vous qui convoitez l'univers,
   Et prétendez au droit d'aînesse :
   Vous n'obtiendrez cette liesse

Qu'en abandonnant vos enfers
Pour la bénigne rôtissoire
Que vous nommez le Purgatoire !
Sanchot et le roi Salomon
— Tous deux ferrés sur le proverbe —
Disent « que miel prend moucheron
Beaucoup mieux que vinaigre acerbe. »

Égayez donc le Paradis,
Il est par trop métaphysique ;
Et placez-y force houris
Pour qu'il soit moins mélancolique !

Nous traversons le pont Œlius, — suivant son antique dénomination — et nous nous trouvons en face du tombeau d'Adrien, que les éternels *rebaptiseurs* décorent du surnom de Château Saint-Ange. Adrien, ami des arts, après avoir embelli ses somptueux jardins des plus magnifiques monuments qu'il avait vus dans ses voyages, voulut que son tombeau surpassât, par l'étendue et la perfection artistique, tout ce qu'il avait rencontré en ce genre ; et l'énorme coupole qui reçut ses dépouilles reçut également celles de ses successeurs, jusqu'à Septime-Sévère.

Les pauvres humains se débattent ainsi sans cesse pour échapper à la destruction qui les presse de toutes parts, et à laquelle ils répugnent si invinciblement. Mais, vains efforts! Quand le Temps, cet impitoyable rongeur, ne suffit pas à l'œuvre de destruction, la main de l'homme ne manque jamais de venir s'y ajouter : aussi, cet immense amas de pierres, que les maîtres de la Rome nouvelle ont érigé en forteresse, croule-t-il déjà de vingt côtés.

Ce tombeau a soutenu une multitude de siéges dans les guerres particulières ou générales qui désolèrent ce beau pays durant tant de siècles. C'est là que se réfugia Clément VII, assiégé par le cardinal de Bourbon, et c'est là encore que ce grand coupable, ce traître à sa patrie, tomba au pied de la muraille qu'il tentait d'escalader, voyant les lauriers que jadis il avait cueillis sur tant de champs de bataille ensevelis sous le mépris public.

Ainsi d'Adrien la carcasse,
Et celle de ses successeurs,
Pour les enfants de saint Ignace,
Grands guerroyeurs, grands corrupteurs,
Parmi les discordes civiles,
Qu'ils allumèrent trop souvent,
Dans des cas parfois difficiles
Durent être des projectiles
Pour défendre ce monument.
Et, sans doute, ces grandes ombres
— Si l'on peut y voir chez les morts —
Virent-elles, des rives sombres,
Avec horreur, de ces décombres
Voler leurs bras, voler leurs corps,
Pour soutenir dans sa querelle
De Loyola le noir troupeau,
Ou Dominique et sa séquelle
S'égorgeant sur leur froid tombeau !

Il me semble, mon cher Aristarque, t'entendre me crier : « — Mais tu oublies, éternel bavard, que c'est à Saint-Pierre que tu avais promis de me conduire. Or, si tu marches de ce train-là, c'est que, sans doute, à l'exemple de Sixte-Quint, tu es encore occupé à en chercher les clefs ! »

— Eh ! mon Dieu non, mon ami, nous approchons, quoique un peu lentement, je l'avoue, car on ne peut changer entièrement sa nature ; et je serais aussi embarrassé de suivre constamment un chemin direct, sans me jeter, de temps à autre, parmi les sentiers que je rencontre, que le serait un peintre pour exécuter un tableau avec une seule couleur. Je poursuis donc.

On est généralement d'accord que les objets d'art, pour conserver toute leur valeur, doivent être placés dans l'encadrement et sous le jour qui leur convient. Si un tableau exige de telles conditions, à plus forte raison un temple. Le chef-d'œuvre de l'art chrétien mériterait mieux que nul autre, à cet égard, qu'on le laissât isolé de toutes parts, et cela sur une vaste étendue. Contemplé, dès l'abord, dans la majesté d'un mystérieux lointain, l'esprit eût pu l'admirer avec plus de recueillement encore, et l'âme le sentir avec une émotion plus religieuse et plus profonde.

Malheureusement il n'en a pas été ainsi : la basilique est entourée, je veux dire encombrée, de trois côtés, par les bâtiments du Vatican, ce qui, même sans compter sa mesquine façade, l'écrase de la manière la plus déplorable. De plus, on débouche sur la place qui précède l'édifice au travers de rues tortueuses, bordées de maisons d'aspect sordide et délabré. Rien, ici, n'est en rapport avec le temple, qui, tout-à-coup, vient frapper vos regards. Ce choquant contraste blesse toutes les règles du goût et de la perspective les plus élémentaires, nuit désagréablement à l'harmonie de l'ensemble, et il faut quelques instants pour revenir de son désappointement.

Mais, disons-le avec la même franchise : bientôt on est saisi d'une véritable admiration. Entre soi et la basilique se trouve une vaste place de forme elliptique, ornée de deux superbes bassins et d'un obélisque, enveloppée par une colonnade monumentale, couronnée d'une terrasse sur la balustrade de laquelle sont placées une prodigieuse quantité de statues en marbre, du plus beau travail. Enfin, dans le fond, s'élève à vos regards surpris et, surtout, enchantés, la gigantesque église, à l'érection de laquelle Sixte-Quint, Léon X, Bramante, Michel-Ange et Raphaël consacrèrent, les uns leurs trésors, les autres leur génie.

Si les héros par d'illustres batailles
Marquent leur place au rang des demi-dieux,
Combien de pleurs, combien de funérailles
Vinrent ternir leurs jours si glorieux !
Ah ! mille fois combien elle est plus douce
La gloire acquise à l'ombre des beaux-arts,
Dont le laurier reverdit et repousse,
Bravant le temps, l'envie et les hasards ;
Ne craignant point, comme ceux de Bellone,
D'être flétris sur le front du soldat,
Car cet éclat, que la victoire donne,
S'éteint, parfois, dans le dernier combat.

Adieu, mon cher Hyacinthe : c'est bien assez de méchante prose et aussi de méchants vers. Ma prochaine lettre t'introduira bel et bien dans l'intérieur de la basilique, à moins, ce que je redoute fort, que tu ne refuses, à la fin, de m'accompagner dans toutes mes divagations.

Vale.

V

Rome, avril 1857.

C'est aujourd'hui qu'il me faut tenir la promesse, trop longtemps différée, de pénétrer à Saint-Pierre. Cependant, qu'il me soit permis de te faire remarquer auparavant combien doit paraître étrange à un chrétien sévère, nourri de la droite et austère doctrine du Christ, la richesse véritablement orientale qui frappe partout ses regards dans les églises de l'Italie. Si, unissant la philosophie à la vraie piété, il est un peu misanthrope, il ne pourra guère s'empêcher de trouver scandaleux le luxe insolent des temples érigés en l'honneur de celui qui, né dans une étable, choisit d'humbles pêcheurs pour ses apôtres, et, de plus, — enseignement mémorable — chassa les marchands du Temple avec une si vigoureuse indignation.

Quoi! ministres des saints autels,
S'écrîra-t-il dans sa colère,
Le Dieu qui sauva les mortels
Choisit un charpentier pour père,
Qui, sans cesse, par ses discours,
Prêcha le mépris des richesses,
Veut-il que ses prêtres soient sourds
A ses commandements expresses?
Craignez que ce luxe effréné
Ne déplaise au fils de Marie :
C'est sous le chaume qu'il est né,
Sous le chaume rompez l'hostie!
Laissez au culte de Baal
Du Veau d'or l'infâme hérésie.
Pour l'Homme-Dieu le piédestal

C'est sa croix, c'est son agonie,
De la Liberté le signal.
Et quant à vous, fils des apôtres,
Souvenez-vous que leurs habits
Ne ressemblaient guères aux vôtres ;
Qu'ils avaient la terre pour lits,
Tandis que votre épaule ploie
Sous la pourpre, l'or et la soie ;
Que vous habitez des palais
Où vous passez, dans les délices,
— Trop sûrs conseillers des excès—
Des jours livrés peut-être aux vices !

Mais nous, mon cher Hyacinthe, qui, doués d'un esprit plus accommodant, n'avons pas la moindre prétention de réformer les abus qui se sont glissés dans le sanctuaire, contentons-nous d'en gémir tout bas, et ne fermons pas les yeux devant les somptueux chefs-d'œuvre de l'art, sous le prétexte qu'ils peuvent avoir corrompu les âmes.

Après avoir franchi les deux rampes en pente douce qui conduisent auprès de la façade, on s'étonne de ses colossales proportions, qui ne vous avaient point frappé, vues de l'obélisque. Elle a, en effet, trois cent soixante et dix pieds de largeur, cent quarante-neuf de hauteur, et les huit colonnes, qui paraissaient si petites de loin, ont quatre-vingt-huit pieds de fût sur neuf de diamètre. Dès l'entrée du portique, sous lequel on se trouve bientôt, vous êtes saisi d'un indéfinissable sentiment, qui, sans être précisément de la terreur, vous pénètre d'une idée d'infériorité personnelle, vous trouble, et vous amoindrit à vos propres yeux.

Je ne sais si je dois l'attribuer à cette impression, qui, sans doute, avait usé mon enthousiasme, ou à l'exagération du récit des voyageurs sur l'immensité de cette basilique, mais je suis forcé de convenir que, dès l'abord, j'éprouvai comme une sorte de désappointement, et je fus presque tenté de m'écrier, en vrai barbare : « Quoi! ce n'est que cela !... »

Toutefois, à un second examen, quand on a eu le temps de se reconnaître, lorsqu'on peut admirer plus froidement ces piliers si hardis, ces statues d'un si beau travail, ce dôme gigantesque, qui n'est autre que le

Panthéon d'Agrippa suspendu dans les airs, on ne tarde pas à comprendre pourquoi ce temple ne paraît point immense, mais seulement grand; pourquoi ce dôme ne semble que vaste et non prodigieux. La raison de cette espèce d'illusion du sens de la vue tient, je l'imagine, à ce que toutes les parties de ce monument grandiose sont entre elles d'une si admirable proportion, qu'il faut que l'œil s'accoutume à cet ensemble pour en comprendre l'immensité. Je me persuade d'autant plus de ne pas m'éloigner du vrai par cette explication, que, toutes les fois que je reviens à Saint-Pierre, et j'y reviens souvent, je le retrouve plus vaste, et m'étonne davantage de ma première impression.

Sur l'emplacement même où s'élève aujourd'hui la basilique s'étendaient jadis les jardins et le cirque de Néron. Ce monstre, de si odieuse mémoire, qui, après avoir fait empoisonner son frère et égorger sa mère, se donna le passe-temps d'éclairer ces beaux lieux avec les corps de malheureux chrétiens enduits de poix-résine, que l'on allumait en guise de torches.

Nous avons cru devoir aller visiter le champ de

l'affranchi Phaon, où, à quelques milles de Rome, le misérable empereur, aussi lâche que cruel, n'ayant le courage ni de se tuer, ni d'attendre de pied ferme les conjurés qui lui apportaient la mort, pria Epaphrodite, son secrétaire, de le percer de son épée. Une vigne voit croître ses verts rameaux à la place où le sang de l'incendiaire-parricide fut répandu.

Quoique nous soyons déjà sortis de Saint-Pierre, je veux placer ici une observation qui s'y rattache : à savoir que, parmi cette foule de somptueux tombeaux tapissant toutes les parois de l'édifice, élevés, les uns par l'amour-propre des familles papales, les autres par la reconnaissance des cardinaux que revêtirent de la pourpre ces mêmes Souverains Pontifes, on chercherait vainement celui de Sixte-Quint. Ce ne peut cependant point être un oubli, car ayant eu la gloire d'achever cette œuvre de plusieurs siècles, le gardeur de pourceaux des Marches d'Ancône faisait trop d'honneur à la tiare pour qu'on osât ne point se souvenir de tous ses titres à une sépulture monumentale, si complaisamment prodiguée à tant d'autres moins illustres.

Certes, le fiel et la rancune,
On ne l'a vu que trop souvent,
Sont maladie assez commune
A l'église comme au couvent.
Sixte-Quint, courbé vers la terre,
Feignant des maux qu'il n'avait pas,
Pour chercher les clefs de Saint-Pierre,
Dut être certain que, tout bas,
Ceux qu'il vainquit dans le conclave
Seraient heureux quand cette entrave
Passerait de vie à trépas.
Aussi, se vengeant sur sa cendre,
Refusèrent-ils un tombeau,
Et, bassement, firent descendre
Au sein d'un ignoble caveau
L'ami des arts, dont le génie,
La prudence, la fermeté,
Donnèrent la suprématie
Aux foudres de la papauté,
Tantæ ne animis cœlestibus iræ ?....

Adieu, mon cher Hyacinthe : il est grand temps que

je te quitte; mais dans ce diable de pays il y a toujours à dire, et l'on ne peut vraiment se décider à finir.

V<small>ALE</small>.

VI

Rome, avril 1857.

En sortant de Saint-Pierre, mon cher ami, il semblerait naturel que je te conduisisse au Capitole; car, si ma première visite avait dû être faite, avec juste raison, à l'église du Vrai Dieu, la seconde appartenait, sans conteste, à celle de son prédécesseur, le fils de Saturne. Et cependant, c'est vers le Colisée que nous dirigeons nos pas. Certes, je connaissais trop les devoirs qui m'étaient imposés envers le Maître de l'Olympe, pour commettre une semblable incongruité; mais la faute en est à Genséric et à quelques autres dévastateurs, qui n'ont pas laissé pierre sur pierre de ce monument, où Scipion l'Africain montait rendre grâce aux Dieux de ses victoires sur les Carthaginois, au lieu de rendre ses comptes aux Romains, qui l'accusaient de péculat.

Allons donc au Colisée, non sans, toutefois, lancer, en passant, l'anathème contre tous les démolisseurs, depuis Érostrate, Robert Guiscard et Souwarou, jusqu'à nos modernes niveleurs. La postérité puisse-t-elle, enfin, faire justice de ces maniaques furieux, qui se persuadent qu'ils fonderont la puissance sur des décombres !

Hélas ! le Colisée lui-même est partiellement démoli, et chacun s'en est mêlé : les éléments et les hommes. D'abord il eut à subir les convulsions d'un tremblement de terre ; puis, une foule de princes, de prélats et même de papes sont venus, pendant plusieurs siècles.

avec l'avidité de corbeaux affamés, s'abattre sur lui comme sur une proie, et l'ont exploité ainsi qu'une carrière pour construire leurs splendides palais.

Au demeurant, tous les vieux Romains firent de la sorte dans les pays conquis par leurs armes, et ce n'est pas encore là leur plus grand crime à mes yeux. Je leur pardonnerais presque leurs dilapidations, leurs rapines, s'ils n'avaient été, eux, mais surtout leurs empereurs, les plus froidement cruels scélérats qui aient existé.

J'ignore si le cœur, troublant le jugement,
Égare mon esprit; mais je me prends souvent
A demander pourquoi l'on admire sans cesse,
Sans la blâmer jamais, la nation ogresse
Dont l'infernal génie a mis le monde aux fers,
Sur des monceaux de morts a soumis l'Univers ;
Et qui, n'inventant rien, ne resta grande, en somme,
Qu'en transportant la Grèce et ses beaux-arts dans Rome.
Ses premiers orateurs du Portique sont fils,
Et jusques à ses Dieux aux Grecs ont été pris !....
La plupart des héros dont Rome fut si fière
Méritèrent la hart de plus d'une manière.

Quel est donc ce Brutus condamnant son enfant,
Et cet autre Brutus son père poignardant?....
Arrière les vertus qui font pleurer les mères !
Ces célèbres Romains sont d'affreuses panthères.
La main se lasserait à tracer tous leurs noms :
Les Tarquins, les Syllas, les Claudes, les Nérons,
L'affreux Caligula, Messaline, Tibère,
Locuste, empoisonneuse, et Poppée, adultère.
Octave, assassinant l'illustre Cicéron,
Tout Auguste qu'il soit, a vu souiller son nom !....
Le palais des Césars est plus sali de crimes,
D'incestes, de viols, de meurtres anonymes,
Qu'en aurait pu fournir, pendant un siècle entier,
Au sanglant Tribunal l'accusateur Fouquier,
Tribunal se nommant Révolutionnaire,
Qui de sombres arrêts épouvanta la terre !....
Arrière, arrière donc ces atroces Romains,
Trop de taches de sang vinrent rougir leurs mains !

Le Colisée, l'une des plus vastes ruines de Rome, est aussi l'une des merveilles du monde entier. Commencé sous Vespasien, il fut achevé sous Titus, qui y fit travailler les prisonniers juifs, ramenés à Rome après la prise de Jérusalem. Titus inaugura ce cirque par des jeux qui durèrent cent jours. Cinq mille bêtes féroces y furent tuées, trois mille gladiateurs y combattirent. Bientôt cette arène fut arrosée du sang des chrétiens.

C'est là, dit-on, que cent mille Romains
Livraient, parfois, aux monstres de l'Afrique
Ces malheureux, qu'un claquement de mains
Récompensait d'une mort fatidique.
C'est aussi là que ces gladiateurs,
En s'efforçant de tomber avec grâce,
Jusqu'au trépas défiant leurs vainqueurs,
Savaient mourir, mais non demander grâce.
C'est encor là que de pauvres martyrs
Ont confessé leur foi dans les supplices,
Et succombé sans pousser de soupirs,
Sans dénoncer leurs vertueux complices !

Ces souvenirs de férocité et de barbarie vous assiégent au Colisée, et vous inspirent une instinctive mélancolie. Toutefois, un sentiment d'admiration, qui ne vous quitte plus, la remplace bientôt. Car, quelle que soit, d'ailleurs, la répulsion que fasse éprouver la tyrannie qu'exerça Rome sur le reste du monde, on ne peut s'empêcher, à la vue d'un tel monument, de reconnaître sa grandeur. Combien puissante ne dut-elle pas être, en effet, quand des hommes, s'appelant César, Pompée, Vespasien, Titus, dont les seuls noms portaient la terreur aux extrémités du monde, firent ériger de tels édifices uniquement pour ses plaisirs.

Afin de donner une juste idée de ce que fut ce titanesque hémicycle avant d'avoir été livré à un pillage organisé de plusieurs siècles, disons qu'avec ce qu'il reste de ses débris on bâtirait encore une ville. Mais, pour jouir véritablement, dans toute son étendue, de la beauté du spectacle qu'offrent ces étonnantes autant que magnifiques ruines, il faut venir les admirer, comme nous le fîmes mon fils et moi, par un splendide clair de lune.

De cent cinquante-sept pieds de hauteur — placés que nous sommes un peu en dessous de la dernière frise — nous contemplons cette vaste arène, dont la circonférence est d'environ dix-sept cents pieds. Les rayons blafards de l'astre des nuits donnent à tout ce qui nous environne une teinte mélancolique, et le vent, qui s'engouffre au travers des innombrables ouvertures pratiquées dans le pourtour extérieur de l'édifice, laisse arriver à nos oreilles des sons mystérieux presqu'effrayants. Ces sons ménagent, par cela même, à l'imagination le plaisir de se créer les illusions les plus fantastiques.

Tantôt, il me semble entendre le bruit strident des grilles de bronze donnant entrée aux tigres, dont retentissent à mes oreilles les miaulements homicides. Tantôt, c'est un nuage qui, passant sur la lune, projette après lui la forme terrible d'un lion, battant de sa queue ses flancs creusés par la faim. Puis, d'illusions en illusions, je crois apercevoir, blotti dans le fond du cirque, un pauvre soldat du Christ, attendant, dans la prière, ce martyre qui doit le conduire aux demeures célestes.

Mais notre vieux guide, dont la torche nous avait éclairés pour nous conduire au milieu du réseau des escaliers et des sombres galeries du monument, et dont l'imagination, moins exaltée que la nôtre, lui permettait de ressentir les effets très-prosaïques d'une nuit glaciale, ne tarda pas à venir nous rappeler à la réalité. Il nous fit remarquer judicieusement que le flambeau résineux tirant à sa fin, il était urgent de profiter de ses dernières lueurs pour regagner sans accident le vomitoire, dont nous séparaient encore plusieurs centaines de marches.

« D'ailleurs, nous dit-il, un séjour plus prolongé
« dans ce lieu ne manquerait point de vous gratifier de
« quelque bonne fluxion, beaucoup plus dangereuse
« qu'aucune des ci-devant bêtes féroces, qui, tout à
« l'heure, trottaient dans vos souvenirs ! »

Suivant donc les avis prudents
De notre vénérable guide,
Dont j'entendais claquer les dents
Dans sa mâchoire presque vide,
Nous allons tous trois nous coucher :
Notre guide, pour ensacher,
De sa main jaune et décharnée,
Le pécule de la journée,

Puis dans un bonnet de coton
Pour enserrer sa tête chauve ;
Nous, ne rêvant que bête fauve,
Qui, dans son appétit glouton,
Jusques au fond de notre alcôve
Venait nous serrer le bouton !

Et sur ce, je te quitte, ami, en te souhaitant de meilleurs rêves, et prie Dieu qu'il te conserve en sa sainte garde.

Vale.

VII

Rome, avril 1857.

Voici la dernière lettre que je t'adresserai de Rome, mon cher Hyacinthe ; mais, avant de prendre congé de la Ville Sainte, comme quelques-uns la nomment par antiphrase, je crois devoir toucher, au courant de la plume, divers sujets, qui, s'il fallait les traiter à fond, me prendraient beaucoup plus de temps que je ne puis, ni ne veux leur en consacrer. Je les aborderai comme ils se présenteront à mon souvenir : sans ordre, ni date, afin d'aller plus vite.

Rome est, par excellence, le pays des miracles, mais surtout des reliques. Ces dernières s'y trouvent, d'ordinaire, au sein de la terre, comme la truffe chez les Périgourdins ; c'est dans les Catacombes qu'on les récolte. Il en existe, pendant la Semaine Sainte, une espèce de foire à laquelle j'ai assisté ; seulement j'ajouterai — pour être exact — qu'elles ne s'y vendent point, mais s'y donnent.

Du reste, il faut avoir une foi bien robuste pour accepter comme vraies la multitude de choses qu'il plaît aux Romains de présenter à votre vénération : ici est l'*Escalier* qui conduisit Jésus chez Pilate, puis la *Colonne* où il fut flagellé ; dans la basilique de Saint-Pierre on vous montre la moitié du corps du patron de cette église, ainsi que celui de saint Paul, et leurs têtes à Saint-Jean-de-Latran ; plus loin, c'est la *Couronne d'épines*, le *Saint Suaire* et la *Tunique* du Christ. Mais comment s'étonner que la capitale du monde chrétien possède son

Suaire et sa *Tunique*, lorsque Trèves, Cologne et tant d'autres villes secondaires — sans compter Argenteuil — se vantent d'avoir l'un et l'autre ?

Toutefois, pour abréger, et te donner, par un seul exemple, un aperçu quelque peu juste de la nature, de la portée et de la puissance de l'idée religieuse dans la cité papale, il suffira de te raconter l'histoire, ou plutôt la légende du *Santissimo Bambino*.

Il existe à l'église d'Ara-Cœli, bâtie sur l'emplacement même du Capitole, — l'ancien Temple de Jupiter — une petite statuette de l'Enfant-Jésus, que la tradition dit avoir été taillée dans un arbre du jardin des Oliviers, et coloriée par saint Luc pendant son sommeil. Cette statuette, couverte de diamants et de pierres précieuses, est transportée, en carrosse, au domicile de tous les malades qui la demandent ; aussi, est-elle sans cesse à courir les rues. L'immense majorité des Romains, grands et petits, a l'intime conviction que pas un des maux qui affligent l'humanité ne saurait résister à l'attouchement de la précieuse amulette.

Le Bambino toujours guérit
Les maux du corps ou de l'esprit.
Pourtant, il faut qu'en la demeure
Du malade il arrive à l'heure,
Mais surtout avant qu'il ne meure ;
Car sa puissance, alors, cesse et s'évanouit,
Et le Bambin s'en va plus confus que contrit.

Un tel fétichisme est un véritable sacrilége envers la majesté divine ; fort heureusement que Dieu ne saurait être responsable de notre pauvre sottise humaine.

L'homme sera toujours le même
Qu'il fut au principe des temps,
Se créant un Être Suprême
Comme lui doué de cinq sens ;
Agissant selon ses caprices,
Mû par la haine ou par l'amour ;
Cédant au gré des aruspices,
Et, parfois, y demeurant sourd ;
Sujet aux passions humaines,
Aimant l'or autant que l'encens,

Mais, si l'augure a les mains pleines,
Penchant pour les plus gros présents.

Jusques à quand, grand Architecte,
Toi qui vis dans l'Éternité,
Seras-tu le Dieu d'une secte,
Non le Dieu de l'humanité?
Déchire pour jamais la nue
Qui voile aux yeux ta volonté;
Que la vérité toute nue
Éclate dans sa majesté!
Que tous les peuples de la terre
Bénissent ton nom glorieux;
Ne sois plus un Dieu de mystère,
Et que sur l'étoile polaire
Le culte universel soit écrit dans les Cieux!

Tu trouveras, peut-être, singulier, mon cher ami, que je quitte Rome, la ville des intrigues cléricales, sans te parler du clergé, de son pouvoir, de ses mœurs, de sa politique; mais je craindrais d'éveiller la dangereuse curiosité du cabinet noir. Cependant, quelques mots de la conversation suivante, que j'eus avec un

Romain, fort au courant, par sa position, de l'esprit des populations, t'instruira suffisamment sur ce que l'on doit penser du gouvernement de ces prêtres-rois.

« Monsieur, me dit-il, bien que la République pro-
« clamée en 1848 ait fait éclore de graves abus, cet
« ordre de choses eût, sans nul doute, pu prospérer,
« car, d'un côté, les esprits turbulents eussent été
« peu à peu évincés, et, de l'autre, la haine générale et
« invétérée que le Sacré Collége avait amassée sur sa
« tête par ses exactions et les honteuses turpitudes de
« sa vie privée était telle, que toute autre forme gou-
« vernementale, quelle qu'elle fût, devait lui être pré-
« férée. En somme, poursuivit-il, vous avez donc eu
« grand tort, vous autres Français, d'être venus vous
« mêler de nos affaires, sous d'hypocrites prétextes
« d'intérêt et de liberté. Il fallait — pour me servir
« d'une expression de votre grand Empereur — nous
« laisser laver notre linge sale en famille. En effet,
« soyez certain qu'aussitôt après le départ de vos
« troupes, les Autrichiens entreront à Rome ; mais
« alors, excepté le Pape, que l'on épargnera, parce
« qu'il y est vénéré autant que plaint, l'entrée des

« troupes autrichiennes sera le signal d'une nouvelle
« Saint-Barthélemy contre tout ce qui tient à l'élément
« clérical. »

Quoi qu'il doive advenir des sinistres prévisions de ce Romain, la conversation que je venais d'avoir avec lui m'inspira les vers suivants; ils me semblent, d'ailleurs, contenir une assez juste appréciation et de la ville et de ses gouvernants, pour que je me hasarde à te les envoyer, malgré les ongles plus ou moins crochus de messieurs les censeurs.

Rome, ville des Dieux, de Caton et d'Auguste,
Ville de l'antiquaire, et que, pour être juste,
Il faut, sans hésiter, placer aux premiers rangs
Par ses grands souvenirs, par ses grands monuments ;
Rome, cité du Pape, en proie à la vermine
Qu'on rencontre partout, et même sous l'hermine ;
Ville d'hypocrisie et de mauvaises mœurs,
Où des vices sans frein ont gangrené les cœurs,
Au point que *Mastaï*, des prêtres le modèle
N'ose attaquer en rien l'hydre matérielle

Qui, chaque jour, déchire un coin de son manteau,
Et qui fera rentrer le Christ en son tombeau,
Car il y rentrera sous tant d'ignominie,
Assassiné par ceux qui lui doivent la vie.
Oui, ce sont les soldats entre les mains desquels
Il a remis sa loi, l'honneur de ses autels,
Qui, de trafics honteux donnant l'infâme exemple,
De leurs ingrates mains renverseront le Temple!....

Allez, maudits de Dieu, fils des anges déchus,
Votre règne ébranlé demain ne sera plus !

Vale.

VIII

Naples, 2 mai 1857.

Bien que je date cette lettre de Naples, où nous sommes arrivés depuis hier matin, il me faut, mon cher ami, te ramener au moment même de notre départ de Rome. Je ne saurais omettre, en effet, de te raconter toutes les appréhensions qui vinrent alors m'assaillir, et me firent hésiter, un instant, à me mettre en route.

Tu te souviens, je le présume, des circonstances politiques qui, au commencement de la présente année 1857, ont failli troubler la paix européenne : la France et l'Angleterre rappelaient simultanément leurs ambassadeurs du royaume des Deux-Siciles. Était-il donc prudent de partir pour aller dans les états de ce roi bigot, bigot de la plus dangereuse espèce, tel que l'est le descendant de Philippe V ?

J'étais fort perplexe sur le parti que j'avais à prendre, et ce fut sous l'empire de ces impressions que j'adressai les vers suivants à Madame Dumontel, ta parente et la mienne, jeune et charmante femme, qui, habitant Turin, m'engageait au départ. C'est donc à titre de naïf exposé des motifs de mon hésitation, que j'ose te transmettre cette petite rimaillerie.

> Hélas ! voyez la triste mine
> Que nous ferions si ce bon roi,
> Pour nous inculquer sa doctrine
> Au cher Hector, ainsi qu'à moi,
> Nous disait : « votre orthodoxie
> « Me paraît de mauvais aloi,

« Et pour mériter l'autre vie,
« Réchauffer un peu votre foi,
« Messieurs, il me prend fantaisie
« De vous faire donner le fouet,
« Et même accrocher au gibet. »
C'est un plaisir qu'après la messe,
Ou bien au sortir de confesse,
Ce grand monarque se permet.

Si, pourtant, jusqu'à Parthénope
Je dois poursuivre mon chemin,
Je voudrais, par quelque horoscope,
Tout d'abord prévoir mon destin.
Tâchez donc d'être un peu sorcière
Pour me dire si cette guerre
Dont la France avec l'Angleterre
Menacent ce roi débonnaire
N'éclatera pas dès demain.

Mais je redoutais, par surcroît, mon excellent ami, de bien autres dangers que ceux que je viens d'énumérer : c'était la mer qui me les présentait menaçants, cette mer impitoyable, à laquelle j'avais déjà payé un tel tribut de souffrances atroces, que je me décidais à prendre la voie de terre. Nous risquions, à la vérité, d'avoir maille à partir avec messieurs les brigands, dont, à l'heure qu'il est, on s'entretient beaucoup. Le courrier passe, en effet, à Terracine et à Fondi, et traverse, par conséquent, les champs de bataille illustrés par le célèbre Fra-Diavolo. Quelques personnes cherchaient à me faire abandonner cet itinéraire; je leurs répondis résolûment :

Qui, moi, courir encor les mers?
A ce seul nom mon cœur défaille;
Mieux vaudrait se rendre aux Enfers,
Où, du moins, on va par les airs,
Où rien ne vous livre bataille.
Oui, je préfèrerais marcher
Éternellement sur la terre,
Et sans un seul jour me coucher,
Comme ce Juif qui toujours erre;
Pousser à jamais un rocher,
Ainsi que le faisait Sisyphe,
Ne pouvoir m'en débarrasser,
Puis, à force de le pousser,
Y voir l'empreinte de ma griffe,

Que de grimper sur ce vaisseau,
Où, pendant tant d'heures mortelles,
Je crus trop bien laisser ma peau
Dans des tortures si cruelles !....

Oui, dussé-je en un tombereau,
Ou dans les antiques pataches,
Du monde parcourir l'anneau,
Escorté même du bourreau,
Que je m'en reviendrai sur le plancher des vaches !

Ah ! mon cher ami, combien l'on est digne de pitié quand on redoute le mal de mer. Cicéron, forcé par cette cause de quitter la trirème sur laquelle il espérait échapper aux satellites d'Octave, fut décollé dans sa litière, aussitôt débarqué. Mais moi, chétif, qui, comme le grand orateur, n'ai point du tout déblatéré contre les ravisseurs de liberté publique, pourquoi serais-je puni de ma couardise à risquer quelques défaillances de cœur en livrant mon pauvre individu aux caprices de la vieille Amphitrite ?

Pourtant, je tombai de Charybde en Scylla ; car si —

comme le vainqueur de Catilina — je n'ai pas perdu ma tête, j'ai failli vraiment perdre l'esprit, tant nous avons essuyé de tracasseries, grâce aux sempiternelles douanes, ornées de gendarmes, dont sont émaillées les cinquante à soixante lieues qui séparent la cité des Papes de la capitale du royaume des Deux-Siciles. Personne, en effet, ne saurait imaginer que l'on soit violenté à ce point d'exhiber, sur ce faible parcours, onze fois son passe-port, et d'y être douané sept fois.

Quant aux brigands, dont nous devions, affirmait-on, rencontrer une fourmilière, ils n'existaient que dans l'imagination des postillons : à mon grand regret, nous n'aperçûmes même pas la moustache d'un seul. Je dis à mon grand regret, parce que j'étais fort décidé à remettre dans leurs mains avides jusqu'à mon dernier écu, à la condition de leur faire courir sus à ces odieux gendarmes et à ces monstres de douaniers !

« Chers brigands, leur eussé-je dit,
« Par Cacus ! étrillez ces drôles ;
« Ne ménagez point leurs épaules,
« Et votre nom sera béni !

« Voyez d'ici l'esprit perplexe
« De tant de pauvres voyageurs,
« Mais, surtout, voyez le beau sexe
« A l'aspect de ces fourrageurs,
« Dont la profane main s'apprête
« A fouiller, d'un doigt si brutal,
« Jusques au fond de l'arsenal
« Où gît le chiffon principal,
« Appendice obligé de toute femme honnête,
« La crinoline, enfin, aux réseaux de métal,
« Talisman précieux, vainqueur phénoménal,
« Qui peut, à lui tout seul, fixer une conquête !....

« Chers brigands, eussé-je ajouté,
« Voyez quelle gloire infinie
« Vous aurez de cette tuerie
« Quand les lèvres de la beauté
« Proclameront votre vaillance,
« Et que, peut-être, de beaux yeux,
« En ce démêlé périlleux,
« Sur vos visages *brigandeux*
« Jetteront des regards pleins de reconnaissance ! »

Adieu, mon cher ami, je crois devoir te faire grâce

d'un plus ample détail de toutes les tribulations qui nous tinrent si fidèle compagnie durant ce voyage, que nous en fûmes les déplorables victimes non seulement jusqu'aux portes de la ville de Naples, mais encore jusqu'à notre gîte.

A bientôt ma prochaine lettre.

Vale.

IX

Naples, mai 1857.

Enfin, je suis à Naples :

Naples ! cité d'escrocs et de macaronis,
Pleine de mendiants, de moines et de cris ;
Où de fort beaux Messieurs vous proposent des filles ;
Où le peuple est heureux de porter des guenilles,

Joyeux, l'estomac vide, et qui calme sa faim
En broyant sous sa dent la fève du lupin;
Toujours prêt à changer de lois comme de maîtres,
Et, pour les acclamer, se mettant aux fenêtres;
Révérant saint Janvier, parfois l'injuriant,
Le nommant général, ou le destituant
Si le sang du martyr a pris la fantaisie
D'hésiter un moment quand il se liquéfie.
Le soleil vous y grille au moins huit mois de l'an,
Et la pluie à grands flots vous mouille à chaque instant.
Une rue et deux quais sont de largeur étrange,
Tout le reste est étroit, ignoble, plein de fange;
En sorte que, jamais, on ne peut faire un pas
Sans se rôtir le chef, ou bien salir ses bas.
Mais malgré ses défauts, qu'ici je te signale,
Qu'elle n'ait pas assez de mœurs, et soit trop sale,
Naples vaut cent fois Rome; elle ne cache, enfin,
Comme à Rome, jamais le diable sous le saint.
Le vice, ici, sourit, vous flatte, vous cajole,
Et c'est en saluant qu'avec grâce on vous vole !

Nous sommes logés sur le quai de *Santa-Lucia*, en face de la mer et du Vésuve, cette reine et ce roi de l'antique Parthénope. Je vois, de mes fenêtres, Pompeïa, l'inimitable veuve, qui a gardé pendant seize siècles son vêtement de deuil. J'aperçois Caprée, honteux témoin des honteuses débauches du vieux Tibère, mais qui, à notre époque, le fut de l'un des plus beaux faits d'armes des annales modernes, lorsque l'intrépide Lamarque, escaladant ses rochers, à la tête d'un millier de braves, força le trop célèbre sir Hudson Lowe à capituler et à regagner la flotte anglaise. Enfin, dans un vaporeux éloignement s'étale Sorrente, chantée par les poëtes latins, et, de nos jours, par notre poëte national Lamartine.

Ces souvenirs, ou gracieux ou terribles, chassent le sommeil de nos paupières. Aussi, sommes-nous sur pied dès que le soleil vient apparaître au sommet du Vésuve, et, sans retard, nous nous élançons à travers cette ville aimée de Cicéron, célébrée par Horace, et auprès de laquelle le divin Virgile voulut avoir son tombeau. Notre imagination se trouvait si fort excitée par les souvenirs de l'antiquité latine, qu'à chaque instant nous nous attendions à voir apparaître ces grandes illustrations suivies de leurs innombrables clients.

Mais, grotesque dérision !
Arrive une procession
De ces bons moines, dont l'armée
Est si nombreuse dans ce lieu,
Que la cuisine du bon Dieu
Courrait risque d'être affamée
Si jamais ils étaient admis
A la table du Paradis.
Fort heureusement on assure
Qu'aucun d'eux jamais n'aura cure
D'aller y chanter d'*orémus*,
Car ils sont si bien sur la terre,
Si bien choyés, si bien repus,
Qu'ils ne tiennent, ma foi, pas guère
A tâter du bonheur incertain des Élus !

Les moines et leur longue influence ont donné une physionomie particulière à la ville de Naples, et sont l'une des causes peut-être les plus vraies des mœurs débraillées et des habitudes de paresse si invétérées de sa population. Les ordres mendiants ont, en effet, de bonne heure, dénaturé chez les peuples où ils se sont acclimatés — voyez l'Espagne et l'Italie — le véritable sens des préceptes évangéliques. C'est ainsi que la pratique de la charité chrétienne, organisée sans prévoyance et sur des bases vicieuses, a régularisé et légitimé pour beaucoup d'âmes naïves et religieuses l'exercice de la mendicité, en leur faisant méconnaître la véritable loi de notre nature, qui est la sanctification de notre vie par le travail.

La Charité n'est pas cette aumône vulgaire
Qu'un moine distribue au seuil du monastère,
Dont l'unique mérite est de nourrir le corps,
Mais qui, l'accoutumant à vivre sans efforts,
Le livre à la Paresse, à son frère le Vice,
Et de ces deux fléaux se fait le sûr complice.
Cette aumône n'est point la sainte Charité,
Qui, pressant dans ses bras l'entière humanité,
Sait apporter à tous, avec juste mesure,
Une obole au besoin, un baume à la blessure,
Console l'affligé, soutient le chancelant,
Montre du doigt le Ciel à l'impie ignorant,
Et ne croit point avoir accompli sa journée
S'il reste encore une âme autour d'elle affligée.

Enfin, la Charité, c'est ce bon saint Vincent,
Qui sut donner asile à ce petit enfant
Hélas! abandonné sur le parvis du temple,
Victime de la honte ou du mauvais exemple;
C'est aussi l'humble vierge allant, aux hôpitaux,
Près du lit des mourants pour soulager leurs maux;
C'est le chirurgien, qui, bravant la mitraille,
Va panser les blessés à travers la bataille,
Sans se préoccuper, dans sa mâle vertu,
Sous lequel des drapeaux ils avaient combattu.
Il sera charitable, il sera héroïque
Celui qui, secourant l'ennemi politique
Renversé du pouvoir, peut en être écrasé.
Honneur à lui, bien peu jusqu'ici l'ont osé!
Ce courage est plus rare et plus grand qu'on ne pense.
Hé! qui ne se souvient que Jésus, en présence
De Pilate, se vit repoussé sans pitié
Par Pierre, qu'il aimait de si tendre amitié,
Par Pierre, qui, feignant de ne pas le connaître,
Complice de Judas, vint renier son Maître!

Hélas! il n'est que trop vrai: les choses tant vantées n'offrent, bien souvent, que déception et désappointement. Ainsi, avec un ciel si doux, des quais si vastes, un golfe féerique et ses riches musées, Naples est un séjour des moins confortables, grâce à ses rues tortueuses, étroites, dégoûtantes de malpropreté, à ses dangereux lazaroni, et à l'effronterie de ses mendiants déguenillés.

Bien que ces mendiants soient l'une des plaies les plus honteuses de ce pays, je prends la liberté de distraire de ma réprobation les jeunes enfants qui, seuls ou en troupes, se livrent à l'industrie de la mendicité : car c'en est une. Oh ! ceux-là, par leurs gestes suppliants, leur voix caressante, et l'absence de presque tout vêtement, délieraient les cordons inexorables de la bourse la plus endurcie !

> Que j'aime à voir ce petit mendiant,
>   Qui, d'une voix insinuante,
>   Module une plainte charmante,
>   Accompagnée, en variante,
>   D'un geste encore plus charmant ;
>   Qui, vous montrant une figure
>   Resplendissante de santé,
>   De fraîcheur du meilleur augure,

Murmure, marmot effronté :

— Mais d'un air de naïveté —

« Je meurs de faim et de froidure ! »

Et qui, si vous le repoussez,

Loin de maudire, de se plaindre,

De ses dix petits doigts sur sa bouche pressés,

A vos regards intéressés

Semblera dire : « Non ! le besoin ne sait feindre. »

Puis, si du trompeur dénûment,

De sa faim tout aussi trompeuse,

Il voit votre lèvre railleuse

Se moquer dédaigneusement,

Prenant son parti galamment,

Cessant alors toute grimace,

Il jette le masque, et sa face,

Souffreteuse au premier abord,

Reprend son enfantine grâce,

Et le drôle, en riant, s'enfuit et court encor !

Cependant, je crois être dans le vrai en affirmant qu'avec un gouvernement moins absurde que celui qui pèse sur ce beau pays, un état de choses aussi déplorable pourrait singulièrement s'améliorer. Ce peuple est trop gai pour être sérieusement méchant, trop intelligent pour ne pas se dégoûter bientôt de ces révoltes dont le renouvellement presque périodique entrave son commerce, décime sa population. Mais le monarque idiot et barbare qui règne sur la nation napolitaine ne lui permettra jamais de développer ses incontestables qualités intellectuelles. Toutefois, n'ayant point pris la plume pour te faire un cours d'économie politique, je quitte ces turpitudes, et, afin de les oublier, je veux te conduire au *Musée-Bourbon*, autrement dit les *Studi*.

Sans parler des tableaux des maîtres, des marbres antiques, ni même des *vases étrusques*, cependant si curieux, si bien conservés et si nombreux dans ces galeries, on y a réuni tous les objets dignes d'attention, trouvés, jusqu'ici, parmi les fouilles de Pompeïa et d'Herculanum : marbres, bronzes grands et petits, peintures murales, outils des divers métiers, instruments d'agriculture. On voit, sous son casque de fer, la tête calcinée d'une héroïque sentinelle, morte victime de son respect pour la consigne. Là, ce sont des pains, retirés du four ; ils portent, empreint dans la pâte, le nom du boulanger, ou, peut-être, de leur propriétaire. Puis, voici des olives fraîches, baignées par l'huile qui les a maintenues, depuis seize cents ans, dans un incroyable état de conservation.

Mais ce qui m'a frappé tout autant, c'est de rencontrer dans ce musée, à peu de chose près sans exception, les instruments, qui, de nos jours, sont à l'usage de l'homme, et jusques à ces fourneaux économiques pour lesquels nous prenons des brevets d'invention. Les objets servant à la toilette des femmes forment, dans cette collection, un arsenal des plus complets.

Colliers et bracelets, bagues et perles fines,
On y rencontre tout, hormis des crinolines !
Oh ! si ce bastion, boulevard des appas,
A Rome eût existé, les choses d'ici-bas
Eussent changé de face, et jamais République
N'eût peut-être courbé sous son joug tyrannique
Le front des nations ; car dans un tel jupon
Lucrèce eût défendu son honneur en dragon,

Et Tarquin, opérant une sage retraite,
Conservait son pouvoir, grâces à sa défaite.
Or, il n'est pas douteux que ces vieux grands Romains
Fussent restés petits sous leurs petits Tarquins !...

Vive donc à jamais la chaste crinoline !
Tout époux est un sot, qui, maintenant, s'obstine
A repousser encor l'honorable ballon,
Et qui ne comprend pas ce que lui doit son front.

Après ces folies, mon cher ami, je ne saurais mieux faire que de quitter la plume et de renvoyer à une autre lettre les choses sérieuses. Je crois, cependant, devoir t'engager à ne point compter outre mesure sur ces choses sérieuses que je t'annonce, car je n'en connais guère d'autre que celle de t'amuser.

Vale.

X

Naples, 5 mai 1857.

Ce matin nous avons pris la résolution de visiter la ville des morts.

Pour se rendre à cette malheureuse ci-devant cité qui eut nom Pompeïa, plusieurs moyens de transport se présentent: la mer, la voie ferrée, la route de terre proprement dite; cette dernière, bordée, ou plutôt brodée de charmants villages et de délicieuses villas,

paraissant tout heureuses de leur ravissante parure de
grenadiers, de citronniers et d'orangers. Elles semblent
fort insoucieuses, au demeurant, du sort qui les attend
dans un avenir plus ou moins éloigné. Si vous adoptez
cette voie, des véhicules de toute espèce s'offrent à
votre choix. Je me garderai bien d'oublier, parmi eux,
le célèbre *coricolo*, d'une originalité véritablement fa-
buleuse, et réalisant, par la prodigieuse quantité de
voyageurs qu'il parvient à absorber, la grande question
du transport à bon marché.

>
> On ne sait, certes, ce que c'est :
> Patache, phaéton, voiture....
> Mais, pour le désigner d'un trait,
> De tous c'est la caricature ;
> Et je vais, d'ailleurs, s'il te plaît,
> Ami, t'en tracer le portrait.
>
> Sur cette machine risible,
> Que traîne un cheval impossible,
> — Puisque la mort, depuis longtemps,
> Semble habiter ses maigres flancs
> Gonflés de foin moins que de vents —

EN ITALIE

Il n'existe vraiment de place
Que sur le siége du cocher,
Qui, pourtant, a l'art de joncher
— Guidé par un esprit rapace —
Sur ce voiturin roturier,
A tout risque de les broyer,
Ceux qui deux sous peuvent payer.
Dessus, dessous, de dos, de face,
Il les engouffre, il les entasse ;
J'en ai vu couchés par travers,
Et je crois même dans les airs !
En sorte que cet homme habile,
Qui, s'il avait vécu du temps du grand Achille,
Eût troublé le sommeil du bon Automédon,
Recrute une troupe chantante,
Imprudente, gesticulante,
— Pour te le dire en nombre rond,
Dépassant parfois la quinzaine —
Risquant cent fois sa vie au milieu des cahots,
Torturée à l'instar des veaux
Qu'à l'abattoir le boucher mène.

Peut-être bien qu'ici tu ne me croiras pas,
Et vas-tu t'écrier tout bas :

« Si ce méchant rimeur me pense assez crédule
  « Pour de ce conte ridicule
« Que je croie un seul mot, il se trompe très-fort. »
Or, je t'en avertis, tu serais dans ton tort.
Je le prouve. Voici le secret de notre homme,
De cet Automédon, puisqu'ainsi je le nomme :
Il perche sur les bras de son coricolo
Trois moines, un soldat, un pâtre, son chevreau ;
Puis quatre autres martyrs, casés sur le derrière,
Vont être secoués d'une rude manière,
Tandis que, sous l'essieu, bercés dans des filets,
Et buvant du chemin la poussière à longs traits,
Deux drôles de dix ans, se glissant en cachette,
Quand il faudra payer sauront battre en retraite.
Qu'en dis-tu, mécréant? Compte dessus tes doigts.
« Il m'en faudrait encor, diras-tu, deux ou trois. »
Pourtant je l'avoûrai, pour donner un asile
A ces trois derniers-ci, la chose est difficile ;
Mais le cocher n'est point de ceux à reculer;
Sa gloire est engagée, il va se signaler.
Le trio qui nous reste à nicher se compose :
D'un gros curé joufflu, de sa servante Rose,
  Et d'un neveu de celle-ci.....
Qu'elle se plaît, du moins, à désigner ainsi.

Le cocher, que rien n'embarrasse,
Au gros abbé cède sa place,
Pousse Rose, qui va s'asseoir
Sur les genoux sacrés ; la dame s'y prélasse
Comme un oiseau sur son perchoir,
Puis prend un petit air sagace,
Rempli de malice et de grâce ;
Tandis que le jeune marmot,
— Fils adoptif du presbytère —
Comme aux bras d'une tendre mère,
Dans ceux de cette chambrière
Se jette, et dort sans dire mot.

Le char est au complet, rien plus ne nous arrête,
Et le cocher dessus sa bête
Grimpe, au hasard de l'écraser.
Ici, je t'entends refuser
A notre conducteur modèle
De contraindre sa haridelle,
Dont j'aperçois les os perçant le cuir tanné,
A traîner à bon port ce coche infortuné.
Elle le traînera, n'en faisons aucun doute,
Seulement tombera deux ou trois fois en route,
Mais se relèvera sous le fouet meurtrier,
— Fouet de coricolo, féroce et sans quartier —

Jusqu'à ce qu'à la fin le Dieu de la nature
Permette qu'un beau jour la pauvre créature,
Échappant par la mort à son triste labeur,
Aille se reposer dans un monde meilleur!....

Ah! si l'homme est l'aîné de ce vaste système
Dont j'ignore le but, et dont l'Être Suprême
Connaît seul le secret, s'en suivrait-il de là
Que tout autre animal dût être un paria.
Non, non, n'en croyons rien... La puissance infinie
A pour tous ses enfants même amour, même poids :
Dieu créa la fourmi comme il créa les rois !
Pour tous son jugement est rémunératoire :
Qui, pour le Paradis, qui, pour le Purgatoire.
Mais l'enfer éternel ment aux divines lois,
Et dénie au Très-Haut sa clémence et sa gloire !

D'après cette fantastique description du coricolo — description peut-être un peu trop saupoudrée d'hétérodoxie — tu dois comprendre que ce n'est point lui que nous avons choisi pour notre excursion à Pompeïa ; nous avons préféré de beaucoup le chemin de fer.

A peine arrivés, plusieurs guides s'offrent à nous

piloter; nous n'avons eu garde de les refuser, comptant peu, tu le penses bien, sur les ci-devant habitants pour nous faire les honneurs de leur ville. Il serait difficile de rendre l'impression de mélancolie douloureuse qui s'empare de vous dès que l'on pénètre dans cette immense nécropole, au milieu de ce silence de mort.

<pre>
Un sentiment de tristesse profonde
Vient nous saisir en écoutant nos pas
Fouler ainsi la cendre d'un vieux monde
Dont le Vésuve ordonna le trépas.
On croit entendre encor le cri des mères,
Qui dans les airs furent alors poussés.
Tous ces palais, ces temples séculaires
Se sont changés en urnes funéraires
Sous leurs débris en désordre entassés.
Ici, le fils secourut son vieux père,
Mais succomba sous ce fardeau pieux ;
Et là, le prêtre est mort dans la prière
Montée en vain aux parvis des faux-dieux !
Jupiter même en ce jour vit s'éteindre
Son foudre altier, désormais impuissant,
Lorsque la lave aussi vint à l'atteindre
Sur son autel de toutes parts croulant.
</pre>

Rien n'est, enfin, que ruines, que cendre,
Que désespoirs, jadis ensevelis,
Qu'un jour tardif, hélas ! a su nous rendre ;
Et tous ces maux ne semblent qu'endormis !

Grand Dieu, ta volonté sainte
Fut terrible dans ce jour ;
A la prière, à la plainte,
Ton arrêt demeura sourd !
Quoi ! les crimes de Gomorrhe
Étaient-ils venus encore
Effrayer l'humanité,
Que ta justice sévère
Dût affliger cette terre
D'un châtiment mérité ?
Ah ! qu'à l'avenir ta foudre
Sache quelquefois absoudre
Ceux pour qui s'est immolé
Ton Fils, et que sa promesse
Ne paraisse pas sans cesse
— Aux yeux de notre faiblesse —
Comme un pacte violé !

L'extrême étroitesse des rues de cette ville, dont

quelques-unes ne permettaient même pas à deux chars d'y circuler de front, paraîtrait tout à fait singulière, si elle n'était suffisamment expliquée par la nécessité — dans ces pays d'excessives chaleurs — de donner le moins de prise possible aux ardeurs d'un brûlant soleil. Les maisons, du reste fort ornées de statues, de fresques, de mosaïques, de jets d'eau, sont aussi de dimensions extrêmement sommaires. On se demande donc, avec raison, où les patriciens de Naples et de Rome, qui, presque tous avaient ici des villas, pouvaient loger même leurs esclaves.

Nous avons, d'ailleurs, pu constater une pareille exiguïté de construction dans toute l'Italie méridionale, et même à l'intérieur du palais des Césars, à Rome, qui, pourtant, a des proportions extérieures véritablement colossales.

Ces maisons ouvertes, cette boutique du boulanger, où le four est encore béant, celle de l'apothicaire, dont les urnes contiennent des substances pharmaceutiques, et jusques à l'inscription malicieuse, écrite au charbon sur ce mur, tout produit en ces lieux une réelle illusion.

Cette illusion va même à ce point : que vous êtes prêt à vous retirer, dans l'appréhension que le propriétaire, en rentrant, ne vous taxe d'incivilité pour vous être permis de pénétrer chez lui pendant son absence.

Peu de cadavres ont été découverts dans les fouilles pratiquées jusqu'à ce jour, et cela n'a rien qui doive étonner, si, comme on l'a dit, les habitants étaient réunis au théâtre à l'instant où l'éruption commença. Chacun eut donc le temps de fuir, et même de sauver la plupart des objets précieux en sa possession, ce qui expliquerait encore le peu qu'on en a retrouvé. Une seule famille, désignée sous le nom de Diomède, paraît avoir été tout entière victime de ce grand désastre, car dix-sept squelettes ont été recueillis dans les caves de l'habitation où elle périt. Parmi ces derniers était celui d'une jeune fille — sans doute celle du maître de la maison. — Il est à présumer qu'elle sortait du spectacle, à en juger par la profusion de bijoux trouvés sur son cadavre.

Mais quittons ce séjour de deuil et de douleur ;
Je crois entendre encor un long cri de terreur.

Tout semble pâle, ici, dans cette immense tombe.
Oublions du volcan la fatale hécatombe !...
Et pour chasser plus tôt ce triste souvenir,
Allons au cabaret d'un dîner nous munir.
D'ailleurs, ces Pompéiens étant tous hérétiques
Doivent être damnés à nos yeux catholiques,
Et ne sauraient troubler, si l'on y songe bien,
Le repas de personne, et surtout d'un chrétien.

Pleins de sentiments aussi *orthodoxes*, juge si nous perdîmes un coup de dent ! Et cela, au grand scandale de notre hôtelier, qui, nous hébergeant à tant par tête, comptait sans doute beaucoup sur l'impression des scènes navrantes dont notre imagination avait dû frapper nos cœurs, pour lui permettre de réaliser un honnête bénéfice, tout à fait en rapport avec la sympathique pitié que nos estomacs, pensait-il, devaient témoigner à ses défunts compatriotes.

Vale.

XI

Naples, mai 1857.

La rue de Tolède, la plus vaste de Naples, y remplace nos boulevards parisiens. Le nombre des voitures qui la sillonnent est véritablement prodigieux : on a besoin de toute son attention pour en rapporter ses jambes ou ses bras dans un état tant soit peu satisfaisant. Les poches doivent aussi y être surveillées d'une façon particulière, et, l'un de ces derniers soirs, mon fils avisa un marmot d'une dizaine d'années, dont la petite main se promenait dans ma redingote. Ce jeune industriel ne retira, toutefois, qu'un très-grand désappointement de son expédition, attendu que je ne laisse jamais rien à voler dans ce vêtement.

La maladie d'appropriation du bien d'autrui est tellement passée, ici, à l'état chronique, qu'un homme de police qui se trouvait présent, loin de songer à arrêter le drôle, se contenta de rire à gorge déployée.

>A la figure piteuse
>Du coquin désappointé,
>A la face si joyeuse
>De cet agent éhonté,
>Le courroux qui nous anime
>Contre le jeune larron
>Tombe, et nous rions d'un crime
>Qui ne fait d'autre victime
>Que notre petit fripon.

Il n'existait pas de monuments dans la vieille

Parthénope, aussi la Naples nouvelle ne possède-t-elle aucun vestige d'antiquités. Quant aux constructions modernes, elles n'offrent rien de monumental ; le palais du monarque est lui-même un assemblage assez irrégulier d'énormes bâtiments, dépourvus, à la fois, de style et de goût. Une chose, entre toutes, qui, du reste, va te donner la juste mesure du tact de ces descendants du magnifique Louis XIV, — actuellement sur le trône des Deux-Siciles — c'est l'heureuse idée qu'ils ont eue de placer la prison des galériens sous les fenêtres de leur demeure.

Vis-à-vis du Palais Royal, le dernier roi voulut, cependant, en sa modestie, rivaliser avec le gendre d'Auguste, et, comme Agrippa, élever, lui aussi, son Panthéon. Seulement, il faut reconnaître que cette prétention n'a point été justifiée, et que cette église, dédiée à saint François de Paule, — quoique copiée sur le temple romain — ressemble, en définitive, à un immense pâté chaud.

> Pauvres Bourbons, dans sa juste colère,
> La main de Dieu s'appesantit sur vous :
> Vous resterez une branche vulgaire

De ce vieux tronc dont vous êtes jaloux.
Louis le Grand avec lui dans la tombe
Emporta tout: gloire, beaux-arts, honneur;
Il ne laissa qu'une vaste hécatombe
De ce qui fit autrefois sa grandeur !
Et vous, ses fils, race dégénérée,
— Donnant au monde un spectacle honteux —
Qui, sans pudeur, vîntes faire curée
De cette gloire avant vous consacrée,
Allez en paix rejoindre vos aïeux !....

Si je ne t'ai point encore parlé des églises que l'on voit à Naples, c'est qu'en général elles méritent assez peu de fixer l'attention; néanmoins, quelques-unes sont fort belles, mais à l'intérieur seulement. Comme toutes les églises de l'Italie, elles étalent un luxe prodigieux de marbres, de pierreries, de métaux précieux. Cependant, je dois déclarer qu'elles possèdent peu de tableaux des grands maîtres, au prix de celles que nous avons déjà vues. Je fais toutefois une exception en faveur de la chapelle de saint Janvier, à la cathédrale, où nous avons admiré plusieurs toiles du Dominiquin, toiles d'une perfection rare.

Le couvent de *San-Martino*, situé tout auprès du fort *Saint-Elme*, mérite également une mention spéciale. Le panorama dont on jouit de ce monastère est magique. De là se découvre, en effet, toute la baie de Naples, depuis le cap du Pausilippe jusqu'au cap Campanella ; presqu'en face est Capri, et, enfin, sur la gauche, le Vésuve.

Après avoir ainsi donné une journée entière à ce pèlerinage dans les temples napolitains, nous consacrâmes notre soirée à l'un des spectacles les plus curieux peut-être de ce pays : c'est celui que présente, vers la chute du jour, la rue d'*el Porto*, où la partie affamée de la population — celle qui n'a qu'un chenil ou les quais pour habitation — vient, moyennant quelques *granis*, se remplir l'estomac de tripes, de poissons, de macaronis, et, enfin, d'une foule de choses sans nom, dont se contentent ces malheureux, qu'à bon droit, à ce titre, l'on pourrait nommer omniphages.

Dès que la nuit, de ses voiles ombreux
A couvert Naple, en cette large rue,

A pas pressés, à flots tumultueux,
La foule accourt, et se heurte et se rue.
Ce sont tous gens amenés par la faim,
Qu'avec deux sous on calme ici soudain,
Gens sans aveu, comme sans domicile :
  Le lazarone, le gamin,
  La femme de vertu facile,
  Le charlatan, l'écume, enfin,
  Hélas! de toute grande ville.
A la lueur de torches, de flambeaux,
Des deux côtés du bazar culinaire,
Hochant la poêle, ou soufflant les fourneaux
Pour attirer le client populaire,
Groupés autour de grils ou de chaudrons,
  Flanqués de nombreux marmitons,
Vous avisez cuisiniers, cuisinières,
  Brandissant fourchettes, cuillères,
Interpellant, gesticulant, braillant,
  Offrant, d'une façon grotesque,
  Et leur *arlequin* gigantesque,
  Et leur macaroni brûlant!

Puis, vous voyez la horde famélique,
  Humant du nez, buvant des yeux

Ce festin pantagruélique,
Qui nous donnerait la colique,
Mais pour ces affamés festin digne des Dieux !

C'est en ce lieu béni, quoique d'odeur peu saine,
Que la panse napolitaine
— Je te l'ai dit précédemment —
Pour deux pauvres sous sera pleine....
De quoi ? Je ne le sais pas bien exactement,
Mais d'un terrible assortiment
De poissons, de riz, de piment,
De pois secs, que dessous sa dent,
Dent léonine assurément,
— Et saint Janvier sans doute aidant —
Le Napolitain indigent
A l'art de broyer aisément
Après s'être pieusement
Signé fort orthodoxement
— Par forme de remercîment —
De ce que le Dieu tout-puissant
Permet qu'il soit, à ce moment,
Repu si confortablement.

Après tant de rimes en *ant*,
Cher cousin, véritablement

> Si tu n'es pas plus que content,
> Il faut que quelque nécromant
> S'en mêle indubitablement.

Il n'est presque pas un étranger qui, pendant son séjour ici, ne vienne assister à ce colossal banquet, qui, parfois, risque de se terminer comme le festin des Lapithes; car Lafontaine l'a dit :

« A l'égard de la dent il fallut contester. »

Or, s'il arrive que des curieux s'avisent de donner quelques pièces de monnaie à l'un de ces corbeaux dévorants, pour se procurer le divertissement de lui voir engloutir le marcaroni national, chacun de ses voisins s'élance sur l'heureux privilégié afin d'obtenir une part de l'inestimable trésor. Dès lors, ce ne sont plus que gourmades sans nombre et que coups de poing sans mesure, jusqu'à ce qu'un partage égal soit venu rétablir la concorde.

> Ainsi, l'on retrouve en tous lieux
> Des partisans des lois agraires :

Chez nous, ce sont les *partageux*,
A Naples, tous ces pauvres hères.
Hélas ! verrons-nous de sitôt,
Comme le voulait Henri Quatre,
Chacun manger la poule au pot
Sans se déchirer, ni se battre ?

Je t'avouerai que nous eûmes la faiblesse de céder à l'exemple, et jetâmes quelques *granis* pour faire dévorer sous nos yeux du macaroni par ces pauvres misérables. Du reste, et c'est vraiment à ne point y croire, lorsque ces malheureux affamés n'ont point d'assiettes, ils reçoivent la pâte bouillante dans la main, et ne paraissent nullement s'apercevoir de sa chaleur. Las de ce dégoûtant spectacle, nous cherchons bientôt à nous tirer de la mêlée ; mais la chose est passablement difficile, entourés que nous sommes de cette cohue, qui, alléchée par notre générosité, nous environne de toutes parts et nous poursuit avec une désespérante obstination de ce refrain maudit : « *Signor, macaroni ! Signor, macaroni !* » Nous hâtons le pas ; c'est en vain ; soixante drôles nous accompagnent du fatal cri : *Macaroni*, retentissant comme un glas funèbre à nos oreilles.

Don Quichotte, en telle occurence, se fût regardé comme le héros de quelqu'aventure chevaleresque, ou, peut-être, celui d'une ovation ; mais nous, au contraire, nous crûmes être les victimes d'un guet-apens. Enfin, exaspérés de l'infernal tohu-bohu de ces vociférations mendiantes, nous faisons une charge à fond de train sur cette troupe de loups à jeun, et parvenons, à grand renfort de bourrades, à nous frayer l'issue suffisante pour opérer une honorable retraite.

Tu comprends, mon ami, qu'après cette valeureuse *retraite,* imitée de celle des *Dix Mille,* les modernes Xénophons ne pouvaient songer de sitôt à de nouvelles pérégrinations. Et ce n'est même pas — l'avouerai-je — sans une certaine coquetterie guerrière que je termine ici, tout bouillant encore de mes homériques exploits.

Vale.

XII

Naples, mai 1857.

Nous étions, comme tu le verras bientôt, dans une semaine tout à fait exceptionnelle pour jouir de ces spectacles excentriques qui ne se rencontrent qu'à Naples.

En effet, le lendemain de notre équipée à la rue d'*el Porto*, nous apprenons que le miracle de la liquéfaction du sang de saint Janvier doit avoir lieu ce jour-là même. Aussi, n'avons-nous eu garde de manquer d'assister à cette curieuse cérémonie.

Ce saint Janvier était un maître saint,
Non pas de ceux, mon cher, je te le jure,
Qui vont au Ciel sans la moindre écorchure,
Et, comme on dit, pour un morceau de pain.
  Il se montra d'une meilleure école,
  Et se rendit, en excellent chrétien,
  Chez le grand Dioclétien
  Pour obtenir qu'on le décolle.
  Les bourreaux de cet empereur,
  Bourreaux profès, sans calomnie,
  Au bonhomme, las de la vie,
  Accordèrent cette faveur.
  Or, après cette *décollade*,
  Certaine femme en embuscade
  Recueillit le sang précieux,
  Et c'est ce sang mis en bouteille,
  Que j'avais vu concret, la veille,
  Tout noirâtre, tout globuleux,
  Que j'ai revu, liqueur vermeille,
  Couler, dis-je, avec mes deux yeux.
Il arrive parfois que Janvier se rebelle,

Que son sang se refuse à se liquéfier :

La ville prend le deuil, une stupeur mortelle

Envahit tous les cœurs, vient les terrifier.

Le Vésuve, lui-même, entr'ouvrant ses entrailles,

Et sa lave brûlante accourant à grands flots,

Menaceraient déjà d'envahir ses murailles,

  Qu'on pousserait moins de sanglots !

On n'entend que des cris, partout ce sont des larmes,

Des grincements de dents. En ce pressant danger

Le macaroni même, hélas ! n'a plus de charmes,

Et l'on persistera dans ces sottes alarmes

Tant qu'on ne verra pas le sang se défiger.

Ainsi, le grand Janvier, qui ne s'en doute guère,

  Est pour Naples le labarum,

  L'étendard, le palladium,

  Le général en cas de guerre.

  Mais si, la chance étant contraire,

  L'armée a tourné le derrière,

  Le Napolitain rancunier

  Dégradera son saint Janvier

Comme on chasse un valet de méchant caractère.

Nous partons donc, avec la ferveur des néophites les

plus enthousiastes, pour nous rendre à la cathédrale d'où doit être exhibé processionnellement le buste en argent renfermant le crâne du saint. Il est transporté à l'église de *Santa-Chiara* (Sainte-Claire), où se trouve le traditionnel flacon qui contient le sang du bienheureux.

Cette translation est indispensable, car la liquéfaction ne peut avoir lieu qu'autant que le sang se trouve en contact avec le vénérable chef. Nous prions Dieu que le miracle s'opère sans coup férir ; nous venons d'apprendre, en effet, que s'il vient à tarder, — la tête du bon Janvier se faisant tirer l'oreille — la populace ne manque guère d'imputer ce retard aux étrangers, et de les assommer comme d'autres saint Étienne.

Néanmoins, trop avancés pour reculer, nous entrons dans l'église et y entendons la messe. Pendant l'office, à quelques pas de moi, en partie cachée par une colonne, une femme se tient agenouillée. Sa prière est si fervente, sa paupière si humide, que je suis, je l'avoue, profondément ému, tant la conviction et la piété réelles ont de force attractive. Cette vraie chrétienne n'était ni jeune, ni belle, mais je vivrais un siècle que je ne l'oublierais jamais.

Chez cette femme-là rien n'annonce la fraude :
Que ce soupir est vrai, que cette larme est chaude !
Ses regards, sur la croix tristement attachés,
Dénoncent des chagrins, mais des chagrins cachés.
Elle veut conserver pour elle toute seule
Les tourments de son cœur. C'est, sans doute, une aïeule
Qui pleure un fils perdu. Vient-elle donc ici
Demander à son Dieu qu'il lui fasse merci ?
Pourquoi n'osé-je aller consoler cette femme ?
Certe elle m'eût compris, eût lu dedans mon âme ;
Et, sachant que moi-même ai versé tant de pleurs,
J'eusse pu parvenir à calmer ses douleurs !

La messe terminée, la cérémonie commença. Les fidèles, précédés des reliques du martyr, se dirigent processionnellement vers l'église Sainte-Claire, où doit avoir lieu le miracle. De toutes les maisons devant lesquelles a lieu le défilé on jette des fleurs, qui en tombent comme une véritable averse. Quelques mauvaises langues ont prétendu que les belles Napolitaines profitent de l'occasion pour lancer des bouquets à leurs amants. Dieu et saint Janvier leur fassent miséricorde! Mais j'avais bien autres choses à penser, par ma foi, que de m'occuper de toutes ces sornettes amoureuses, étourdi, abasourdi, ahuri que j'étais par l'infernal tintamarre des litanies, hurlées sur tous les tons par les quarante-sept paroisses de Naples, qui, musique en tête, venaient se joindre à notre procession.

Non, le miaulement de tous les chats de la ville, le bêlement de toutes les chèvres de la Calabre, réunis au braiment de tous les ânes de l'Arcadie, ne peuvent donner qu'une idée affaiblie du charivari auquel nous assistons.

Arrivée à la Santa-Chiara, la statue contenant la tête du saint est déposée auprès de l'autel, non loin du précieux sang encore coagulé, comme peuvent le vérifier les assistants auxquels l'archevêque présente sans cesse le flacon à baiser. Pendant ce temps, défilent soixante-trois statues de saints, statues en argent massif, données par diverses congrégations ou par des familles riches. Ces Élus, la plupart de basse extraction, forment pour ainsi dire une cour au héros de la fête. On n'ignore pas, d'ailleurs, que Janvier était issu d'une famille sénatoriale.

>
> Tu le vois, l'aristocratie
> Se glisse aussi dans le saint lieu;
> Sa présomptueuse folie
> Prend pour complice le Bon Dieu,
> Et semble, en son orgueil impie,
> De nouveau faire le procès
> A ce Jésus qui s'humilie
> Par l'obscurité de sa vie,
> Qui du Ciel descendit exprès
> Pour racheter sur cette terre
> Chacun des pauvres fils d'Adam,
> Pour dire qu'égaux en misère,
> Devant le Dieu juste et sévère
> Tous le seront encor au jour du jugement!

Comme nous savions qu'il existe dans ce pays une foule de femmes, appartenant à la lie du peuple, qui prétendent descendre en ligne directe de la famille de l'illustre saint, nous ne fûmes que très-peu surpris d'apercevoir une cinquantaine de ces péronnelles occupant, dès avant la cérémonie, une place privilégiée et très-rapprochée de l'autel.

Mais quel ne fut point notre étonnement lorsque nous entendîmes et vîmes les excentricités auxquelles elles se livrèrent : tantôt interpellant leur honorable parent, le suppliant d'accomplir sans retard son miracle ; tantôt — le prodige se faisant attendre — l'injuriant grossièrement avec les gestes les plus furibonds et les cris les plus forcenés. Oh! combien je félicitai mentalement, alors, ce pauvre Janvier d'être pourvu d'oreilles en argent, tant les criailleries de ces énergumènes devenaient intolérables.

Enfin, après dix longues heures d'attente, le sang se décida à se défiger ; ce ne fut certes point sans une vive satisfaction pour chacun, et surtout, je le présume, pour l'archevêque, qui avait présidé en quelque sorte à cette façon d'accouchement laborieux.

Il était huit heures du soir; nous eûmes grande hâte d'aller dîner, car quelque vive que fût notre foi dans le miracle auquel nous venions d'assister, notre appétit était plus vif encore.

A bientôt.

Vale.

XIII

Naples, mai 1857.

Tu attendrais vainement, mon cher et excellent ami, un tableau complet des mœurs ou des coutumes du peuple au milieu duquel nous vivons, car le peu de temps que nous avons à passer ici ne me permettrait pas, comme bien tu penses, de le tracer.

D'ailleurs, il n'appartiendrait guère à un pauvre

poëtereau, tel que je le suis, de trancher du moraliste. Je me contenterai donc, comme trait de caractère, de dire que cette nation, si insoucieuse et si mobile, devint constamment la proie de tous ceux qui voulurent s'en emparer. Elle les vit arriver et partir avec une indifférence qui donne la mesure de son courage et de son patriotisme.

Ce matin, nous nous sommes jetés à corps perdu par la ville, afin d'en prendre, dès l'abord, une idée quelque peu juste, et de la voir dans son déshabillé le moins coquet. Je ne crois vraiment pas qu'il y ait une capitale où il existe autant de disparates que l'on en rencontre ici entre les différents quartiers, voire quelquefois dans le même.

Ainsi, quittant la Chiaja, bordée, d'un côté, si majestueusement de somptueux hôtels, et de l'autre par le jardin royal, magnifique promenade publique le long de la mer, nous voici, sans transition aucune, dans une ruelle de dix pieds de largeur, où je doute que le balai se promène jamais. Le pavé est défoncé, des ordures de toutes les espèces attendent là, amoncelées, qu'une pluie hygiénique les entraine. Par le travers sont tendues des cordelettes sur lesquelles se balance éternellement le linge sordide et plus ou moins bien lessivé des habitants de chaque maison. Du reste, presque toutes les rues de cette cité offrent cet ignoble spectacle.

La population grouillant dans ces espèces de boyaux infects est livide et souffreteuse; la vermine la plus dégoûtante la ronge; en un mot, la rue aux Fèves, à Paris, semblerait, en comparaison, proprette et confortable. Pour dire, enfin, jusqu'où va la répugnante malpropreté de ceux qui hantent ces réduits, j'ajouterai que j'ai vu, ce qui s'appelle vu, deux *custodes* ou gardiens du musée des Studi, vêtus avec recherche et dans l'exercice de leurs fonctions, dont l'un cherchait à surprendre sur la tête de son collègue d'immondes animaux, qui, peut-être, depuis sa jeunesse, y avaient obtenu droit de cité; et lorsque ce chasseur de nouvelle espèce était parvenu à s'emparer d'une pièce de ce gibier, bien loin de commettre le plus petit meurtre, il la montrait en riant et la jetait au loin.

Véritablement écœurés de toutes ces choses sans nom, nous fuyons vers la rue de Tolède, et, à la nuit tombante, entrons au *Café de l'Europe*, le Tortoni de Naples. Là, du moins, trouverons-nous des figures civilisées et des gens se lavant les mains. Mais j'étais loin de prévoir l'aventure semi-grotesque, semi-sérieuse, qui ne tarda pas à nous arriver à la sortie même du célèbre café.

En effet, je fus abordé par un homme entre deux âges, que j'avais déjà remarqué. Ses manières étaient plus obséquieuses que polies ; il parlait si bas que je le pris, d'abord, pour un pauvre honteux. Son discours, d'une pudeur excessivement rocailleuse, ne me laissa pourtant pas longtemps incertain sur l'espèce de personnage que j'avais sous les yeux. Voici la substance fidèle de son argumentation, et des offres honnêtes qui la suivirent.

L'amour, Monsieur, dit-il, est le maître du monde ;
Sans lui la vie est fade et les plaisirs sont froids ;
Tout se détraquerait sur la machine ronde
    Si l'homme ne suivait ses lois.
    Je viens donc, au nom de Mercure,

Messager d'amour en ce lieu,
Vous annoncer que je procure,
Pour le temple du petit Dieu,
Les victimes qu'en sacrifice
Il peut vous plaire d'immoler.
Je représente l'aruspice :
L'autel est prêt... Daignez parler !...

Si quelque crainte vous arrête,
Sachez qu'ici je suis patenté par nos rois,
Et que jamais l'encens que l'on brûle à la fête
N'est qu'un encens de premier choix.

Ma femme est la grande prêtresse
De ce temple délicieux,
Mes filles, mes sœurs et ma nièce,
Ses acolytes gracieux.
Puis, si vous préférez remplacer le beau sexe
Pour ces rites mystérieux,
Au même temple est une annexe
Que desservent mes fils, prêtres de ces doux lieux.
Je puis donc fièrement dire, par apostille,
Que le culte de Cupidon
Est un vrai culte de famille :
Venez à ses autels déposer votre don !

Mon premier mouvement, après que cet effronté coquin m'eût expliqué son honnête métier, fut de lui briser ma canne sur les épaules : toutefois, m'étant pris à réfléchir qu'il se vantait d'être le patenté du roi Ferdinand, j'arrêtai mon bras déjà levé, avec la même promptitude que le fit Neptune lorsqu'il prononça son célèbre *quos ego!*

> Je me vis bientôt sous la griffe
> De ce roi surnommé Bombas,
> Auquel le méchant escogriffe,
> Pourvoyeur de sales appas,
> Pourrait très-fort, dans sa rancune,
> Sans avoir repentance aucune,
> Me dénoncer, en bon chrétien,
> Comme républicain, païen,
> Franc-maçon, encyclopédiste....
> Longue saurait être sa liste !
> Je filai doux, et je fis bien.

Cependant, comme, sans doute, l'expression de ma physionomie avait été assez éloquente pour parfaitement faire comprendre à ce misérable toute mon indignation, il ajouta avec une sorte de dignité aussi impudente que risible :

> Pourquoi donc insulter en moi les travailleurs ?
> Lorsque dans ce pays, pays de la paresse,
> On la voit s'étaler sans honte et sans pudeur, .
> Vous devriez m'applaudir et me faire largesse
> Quand je m'empresse, ici, de vous offrir la fleur
> De nos heureux climats, pleins d'amour et d'ivresse !
> Et que fais-je, après tout ?.. Ne vous fâchez pas tant !..
> Ce que faisait jadis Dubois pour le Régent ;
> Ce que fait aujourd'hui plus d'un haut personnage,
> Auquel vous lèveriez votre chapeau, je gage.
> Allons, mon cher Monsieur, calmez votre fureur,
> Qui n'est plus de saison quand on est à votre âge.
> Je redis hautement : Respect au travailleur !
> Quel que soit, après tout, le nom de son labeur.
> Donc à venir chez moi, seigneur, je vous engage,
> Et j'y serai toujours votre humble serviteur.

Après quelques renseignements, nous ne tardâmes pas à apprendre qu'effectivement cette infâme industrie se pratique à Naples en plein soleil, et que les abords du *Café de l'Europe* — rendez-vous habituel des étrangers — sont les parages où ces *travailleurs* de nouvelle espèce — car le mot est historique — aiment, de préférence, à tendre leurs filets.

Vale.

XIV

Naples, mai 1857.

Enfin, mon cher Hyacinthe, nous avons pu entendre ces prédicateurs en plein vent, qui, presque chaque soir, dressent leurs tréteaux dans l'une ou l'autre des parties populeuses de la cité. Le plus souvent, ce sont des jésuites qui se livrent à ces prédications ambulantes. Mais, comme ces exercices n'ont lieu que le soir, je te parlerai d'abord de Pouzzoles et de ses environs, ayant consacré une journée tout entière à parcourir ces belles campagnes, habitées, jadis, par l'aristocratie romaine. Toutes ses gloires y ont passé : ici, avaient leurs villas Marius, Pompée, Cicéron, Lucullus, et tant d'autres citoyens illustres.

Pour aller à Pouzzoles on côtoye le quai de la Chiaja, laissant le golfe à gauche. Arrivés à la grotte du Pausilippe, vaste tunnel qui a perdu une partie de son prestige depuis que nos ingénieurs en ont fait par centaines sinon d'un aspect aussi imposant, du moins d'infiniment plus étendus, nous ordonnons au cocher d'arrêter, car voici le tombeau de Virgile, que mes compagnons et moi sommes désireux de visiter. Ce tombeau n'est, à vrai dire, qu'un columbarium rempli, tout à l'entour, d'urnes cinéraires contenant, comme de coutume, les cendres des affranchis. Quant à celles de l'auteur de l'*Énéide*, quelque main amie sera-t-elle venue les soustraire aux profanations des Barbares? On l'ignore. Le laurier planté par Pétrarque a lui-même disparu. Quoi qu'il en soit, me reportant en souvenir dans les siècles écoulés,

Je me représentais le chantre de Didon
  Assis au banquet de Mécène
  Avec Ovide et Pollion,
Chacun des assistants retenant son haleine
Pour écouter les vers du poëte divin.
Auguste, qui n'est plus l'Octave sanguinaire,
Le César trop longtemps effroi du genre humain,
Arrive au milieu d'eux, et, d'un air débonnaire,
D'un geste gracieux, indique de la main
Qu'il faut le recevoir en convive ordinaire.
Tout empereur qu'il soit, Auguste aime les vers;
Protecteur des beaux-arts, il protége Virgile,
Et, souvent, chez Mécène, à ses petits couverts
Il vient incognito, loin des bruits de la ville,
Se délasser parfois des soins de l'univers!....

Hélas! que reste-t-il de ces quatre grands hommes?
Nous ne le savons point, gens ingrats que nous sommes;
Tandis que nous savons où sont les os blanchis
De quelque marguillier de Rome ou de Paris!

En quittant le Pausilippe, on traverse les Campi Phlegræi, ou campagnes ardentes. Nous entrons en plein pays de la Fable, car Virgile a transporté dans cette partie de l'Italie les fictions d'Homère; aussi trouverons-nous bientôt le Styx et l'Achéron (le lac Averne) qui communique avec le Cocyte (le lac Lucrin), puis les Champs Élysées.

Nous poussons jusqu'à Pouzzoles, laissant, à droite et à gauche: ici la Solfatarre, volcan presque éteint, qui fournit du soufre à l'Italie et à une partie de la France; plus loin, la grotte du Chien, où nous n'avons garde de pénétrer pour y être les témoins des souffrances d'un pauvre animal asphyxié par les émanations de l'acide carbonique.

A quelque distance, situé au bord de la mer, nous laissons Bauli; Bauli! où Néron fit ses adieux à sa mère Agrippine, la serrant affectueusement entre ses bras au moment où elle montait sur le vaisseau à soupape destiné à l'engloutir dans les flots.

Ah! que n'ai-je en ma main la plume d'un Tacite,
Le fouet d'un Juvénal, tant ce nom-là m'irrite,

Tant je voudrais flétrir cette mère et ce fils,
Objets, tout à la fois, de haine et de mépris !

De son second époux perfide empoisonneuse,
Dans le lit des Césars l'horrible incestueuse
Agrippine se couche, et c'est encor la mort
Qu'elle porte en ce lit couvert de pourpre et d'or.
Claude laissait un fils, le fils suivra le père ;
Néron, l'affreux Néron empoisonne son frère ;
Puis, ivre de fureur et de rage et de sang,
Parricide, à sa mère il fait ouvrir le flanc !
Incendiaire, il court, dans une nuit d'orgie,
Aux quatre coins de Rome allumer l'incendie ;
Se repaissant des cris des peuples éperdus,
Il ne prend de repos que quand Rome n'est plus !
Et, du haut d'une tour qui domine la ville,
— Polluant de sa voix les beaux vers de Virgile —
Une lyre à la main, ce stupide histrion
Chantait effrontément les malheurs d'Ilion !

Race des vieux Romains, qu'étiez-vous devenue ?
Famille des Brutus, étiez-vous donc perdue ?

Enfin, pour achever ce tableau plein d'horreur,
Ne sachant point mourir, livide de terreur,

Fuyant les conjurés, il tire son épée,
Mais de ce sang abject elle n'est point trempée,
Car le monstre, tremblant, n'osera même pas
Contre son lâche cœur tourner son lâche bras,
Et viendra demander, comme grâce dernière,
Au fer d'un affranchi d'abréger sa misère !

Cependant, arrêtons-nous quelques instants vers ces ruines que nous apercevons. Elles furent, jadis, la somptueuse demeure de Pollion, de cet illustre affranchi, si riche et si gourmand, qui faisait jeter des esclaves vivants dans ses bassins pour y engraisser les murènes.

Ce Pollion-là, cher cousin,
Était-il un antropophage,
Où n'était-il qu'un assassin ?
Tu n'en sais pas un mot, je gage,
Et moi, certes, pas davantage.
Mais, je croirais assez que cet homme inhumain,
Ne mangeant jamais son prochain
Que déjà digéré par l'hôte du bassin,
Et, pour ainsi parler, que de seconde main,
Ne dut être, après tout, qu'un simple ichthyophage,

Inventeur d'un mets superfin,
Un précurseur du grand Carême,
— Carême, cuisinier divin ! —
Eh bien ! si cet absurde autant que sot problème
Tombait aux mains d'un ergoteur,
En droit canon ferré docteur,
On le verrait bâtir là-dessus un système,
Invoquant tel ou tel auteur,
Depuis saint Augustin jusqu'au moindre rêveur;
— Dont pas un ne parle murènes —
Et, bientôt, oubliant tous ses prolégomènes,
Finirait par imaginer
Que si, jadis, d'après l'ancienne loi romaine,
Cet affreux Pollion eût dû se voir damner,
Aisément on devait lui remettre sa peine
S'il eût daigné vouloir ses crimes effacer
En venant, après boire, un peu se confesser.
Et s'aidant de nombreux sophismes,
Bourrés d'autant de syllogismes,
Pour étayer son argument
Il conclûrait résolument
Que notre mangeur de murène,
Bien loin, certes, dès lors, d'entrer dans la géhenne,
Irait en paradis comme en se promenant !

Enfin, nous voici près de la grotte de Cumes ; nous trouvons, chemin faisant, l'Achéron, le Styx et le Cocyte, trois lacs que nul des êtres créés ne pouvait traverser, dit-on, sans périr, et où nous voyons, en cet instant, s'ébattre des canards, et même pêcher à la ligne.

—Quelle est cette pièce d'eau si bleue et si riante, que nous apercevons entre ces collines, demandé-je à notre guide ?

— L'Achéron, Monsieur, me répondit-il.

Et à peine avait-il prononcé ces mots, que le hasard présente à mes yeux un batelet amarré au rivage ; c'est, sans doute, la barque du passeur d'ombres.

— Oh hé ! Caron, oh hé !

— Monsieur, me dit naïvement le guide, se méprenant sur mon intention, si c'est le pêcheur auquel appartient ce bateau que vous appelez ainsi, il est, sans doute, allé à la messe, attendu que c'est aujourd'hui dimanche.

Un immense éclat de rire, poussé par mes compagnons de voyage, interrompit le brave homme. Aussi, voyant son air de confusion, me retourné-je vers nos jeunes gens avec un air de gravité comique, et m'écrié-je :

A la messe, Caron ! Et pourquoi pas, morbleu ?
N'avons-nous donc pas vu, de nos jours, Henri Quatre
    Qui, pour ne pas toujours combattre,
    Quitta sa foi, sinon son Dieu !
    Constantin, Constantin lui-même
    Se fait sectateur de Jésus
    Quand il voit courir au baptême
    Ses sujets, car son diadème
    Sur son front déjà ne tient plus.
    Ce fut même un calcul fort sage
    De l'empereur ambitieux,
    Qui n'ignorait point cet adage :
    Que la Victoire est dans l'usage
    De faire toujours bon visage
    Aux bataillons les plus nombreux !....

    Pourquoi donc, s'il change de temple,
    Le blâmer, ce pauvre Caron ?
    Surtout après un tel exemple,
    Voyant en fuite son Pluton.

S'il ne gagnait une couronne
Comme Henri Quatre et Constantin,
Il évitait, Dieu me pardonne,
Tout au moins de mourir de faim.
Ainsi, je le crois à la messe,
Et peut-être même au sermon.
Il exista, dit-on, jadis une papesse,
Serait-il surprenant qu'on chômât saint Caron !

En l'absence du susdit Caron, nous ne jugeâmes rien de mieux à faire que de déjeuner, et la proposition qui en fut faite fut accueillie avec joie. Adossés à la grotte de Cumes, tous les convives se disposent à manger avec appétit, malgré une pluie fine et serrée qui donne quelques appréhensions pour le retour. Aussitôt après ce pittoresque repas nous pénétrons chez la sibylle.

C'était cette grotte de Cume
Où la sibylle, entre deux vins,
Et la bouche pleine d'écume,
Prophétisait, tous les matins.
Nos ancêtres, un peu crédules,

Crurent à ces absurdités,
A tant de contes ridicules
Que la sottise a répétés.
Mieux vaut la charmante chronique,
Tout à fait anacréontique,
Que nous racontent nos porteurs,
A savoir que trois empereurs :
Caligula, Néron, Tibère,
Ici venaient en tapinois
Accomplir un plus doux mystère,
Que la prêtresse, peu sévère,
Leur enseignait à tous les trois.
De ces empereurs sanguinaires,
Grands amateurs du cotillon,
C'était la petite maison ;
Et ces antres, si funéraires,
Recélaient un jeune tendron,
Tandis qu'à la foule vulgaire
La pythonisse centenaire
Venait, sur le trépied d'airain,
Dans un autre coin du repaire,
Rendre l'oracle sibyllin.

Cette grotte étant une succession de cavernes, de

tunnels, de corridors, labyrinthe inextricable, il est besoin, pour ne point s'égarer, de se munir de torches et de guides. Mais comme elle est envahie, à son extrémité, par un demi-mètre d'eau, ces guides s'y transforment bientôt en porteurs, et nous voilà, tels que le vieil Anchise, sur les épaules de Pius Æneas.

>Pourtant, il n'en va pas de même :
>— Je suis forcé de l'attester —
>Énée emportait ce qu'il aime,
>Nous trois nous nous faisons porter
>Par gens dont l'unique système
>Est toujours de vous rançonner.
>Il fuit avec un soin extrême
>Le feu qui peut le calciner,
>Nous, nous cherchons un stratagème
>— Je voudrais en vain le nier —
>Mon cher, pour ne point nous noyer !

Après mille détours, on arrive enfin à une chambre assez vaste, taillée en plein roc; cet appartement est muni d'une sorte de niche qu'occupait la pythonisse, et d'où elle rendait ses oracles. A peu près à la hauteur de l'oreille, nous remarquons un trou percé dans la pierre, et d'une médiocre dimension : c'est sans doute par cette ouverture que ses affidés lui communiquaient leurs observations, ou lui dictaient ses réponses.

> Tous ces gens, soyez-en certain,
> Qui se font parler à l'oreille,
> Sur la bourse de leur prochain
> — Ou ce serait grande merveille —
> Veulent toujours mettre la main.
> Ainsi donc, je vous le conseille,
> N'approchez jamais du trépied,
> Car augures ou pythonisses
> Vous réclameront, sans pitié,
> Toujours quelques grasses épices.

En quittant cette caverne, j'aurais voulu rentrer à Naples, tenant fort peu, tu le comprendras, à continuer ces sortes d'étapes mythologiques, où tous les beaux souvenirs de l'antiquité se trouvent déflorés, à chaque pas, sous les prosaïques réalités de la vie moderne.

Néanmoins, je dus céder au désir que me témoignèrent mes compagnons de visiter les champs élyséens, peu distants de ces parages ; je refusai, toutefois, de les y accompagner, en leur disant :

« Allez, mes chers amis, seuls leur faire visite ;
« Vos champs élyséens sont trop près du Cocyte.
« Ce qui sent le trépas me semble fort hideux.
« Je reste donc ici, laissant les morts chez eux.
« Dailleurs, ce qu'on a dit de ces Champs Élysées
« Ne sont que contes bleus et que billevesées.
« Tout n'était là, dit-on, que miel, ruisseaux de lait,
« Tandis que moi je suis certain qu'on y bâillait ;
« Que sous aucun bosquet de ce stupide empire
« On n'entendit jamais le moindre éclat de rire.
« Oui, sous son bras Énée a vu bâiller Didon ;
« La chose est avérée : on la tient de Pluton.
« Mais voici le pourquoi de toute cette affaire ;
« Je puis vous l'expliquer, ce n'est pas un mystère :
« C'est que vers ces beaux lieux, sous ces ombrages frais,
« On ne trouve à s'asseoir dans aucuns cabarets ;
« Que l'on y mâche à vide, et que nulle amourette
« N'y trouve, pour s'ébattre, une pauvre guinguette.

« Du reste, en supposant qu'Énée avec Didon
« Pussent encore chanter un hymne à Cupidon,
 « Que serait donc l'amour d'une ombre,
 « Goûté sous ce feuillage sombre ?
 « Je vous le dirai sans détour:
 « Ce serait une ombre d'amour.
 « Croyez-m'en : l'amour platonique
 « Et le dîner méthaphysique
 « Ne valent pas même un gigot,
 « Dût-on le manger comme un sot
 « Avec Lison ou bien Margot.

 « Messieurs, le Maître du tonnerre
 « N'était qu'un franc retardataire,
« Ennemi du progrès, n'y voyant pas très-clair,
« Et tenant aux vieux *us* ainsi qu'un Dieu vulgaire.
 « Ah ! s'il eût, comme Mahomet,
« Promis fraîches houris, oasis et sorbet,
 « Il serait certes au pinacle,
 « Faisant miracle sur miracle ;
« Et ses temples debout, dans les jours solennels,
« Verraient encor fumer l'encens sur leurs autels !

« Allez-donc, mes amis, que rien ne vous arrête,
« Je fais ma cour à ceux dont on chôme la fête ;

« Il me répugnerait de visiter ces gueux,
« N'ayant pas le pouvoir d'en faire des heureux.
« Si vous voyez là-bas quelque belle déesse,
« Je lui baise les mains ; moi, je vais à la messe.
« Vos champs élyséens feraient oublier Dieu.
« D'ailleurs, tout près d'ici j'aperçois le saint lieu ;
« J'y trouverai Caron, nous causerons Cocyte :
« Je l'invite à dîner... Bonjour ! revenez vite. »

En effet, leur absence ne fut pas longue, et, remontant en voiture, nous arrivâmes à Naples assez à temps encore pour entendre l'homélie, au clair de lune, de notre prédicateur en plein vent, que je t'ai promise en commençant ma lettre. La rue d'*el Porto*, où devait se passer la scène, était jonchée de monde. Bientôt, à son extrémité débouchent quelques personnes, psalmodiant des prières avec une voix aigre, et précédant un prêtre de haute stature. A son teint bilieux, à ses yeux caves, on juge aisément qu'il doit être la proie d'une ambition sans bornes, ou d'une conviction religieuse sans limites.

Ce prêtre appartient à l'ordre des jésuites. Un christ

colossal est porté en tête de la phalange sacrée par un gros petit homme. Ce christ, barbouillé d'une grossière couleur rouge, déchiré de larges blessures, rend ainsi plus matériels — par cet ingénieux emblême — les supplices et les angoisses de la Passion. La croix est placée à côté du prédicateur. Quant au bedeau, sa figure luisante et rebondie n'annonce pas le moins du monde le chrétien qui se livre à des macérations d'aucune sorte; on dirait bien plutôt Sancho-Pança se préparant à écumer les marmites du riche Basile. Tout au contraire de notre sacristain, qui a l'air de prendre peu de souci de ce qui va se passer, la foule anxieuse jette sans cesse des regards d'avide curiosité sur le père Blaise; car c'est ainsi que se nomme ce jésuite.

Voici la traduction, un peu libre, à la vérité, du discours que nous entendons :

« Et alors ce ne sera que cris et grincements de dents ! »

« Ces paroles de l'Écriture,
« Mes chers frères, sont la peinture

« Du sort affreux qui vous attend
« Si, par quelques saintes mesures,
« Vous n'obtenez du Tout-Puissant
« L'entier pardon de ces injures
« Que vous lui faites trop souvent !
« Songez-y: voici venir l'heure ;
« La mort, la mort, à chaque instant,
« Peut frapper à votre demeure,
« Et vous livrer au noir Satan,
« A son enfer, au purgatoire.
« Hélas ! du soir jusqu'au matin
« Vous en menacerai-je en vain ?
« Ne voudrez-vous jamais me croire?

« Ah ! quand donc saurez-vous graver
« Dans vos cœurs que le père Blaise
« Ne parle que pour vous sauver,
« Vous préserver de la fournaise,
« Vous donner l'éternelle paix?
« Que, s'il le voulait, un palais
« De le recevoir serait aise ;
« Qu'il aurait des habits pompeux,
« Vivrait en heureux de la terre,
« Tandis que, vieux et souffreteux,
« Humilié, dans la misère,

« Il préfère ici de venir,
« Fils ingrats, pour vous avertir
« De la sainte et juste colère
« Du grand Dieu qui peut vous punir!...

« Or donc, voilà ma prophétie :
« Vous, fornicateurs et voleurs,
« Ou du Ciel affreux contempteurs,
« Mécréants de toutes couleurs,
« Si vous ne changez point de vie,
« Recélant dans vos lâches cœurs
« Les serpents de cette hérésie,
« L'hérésie — horreur des horreurs —
« Par laquelle, nous, fils d'Ignace,
« Sommes à la seconde place
« Quand nous devrions d'un œil serein
« Voir à nos pieds le plus hautain;
« Regardez au loin le Vésuve :
« Eh bien ! c'est dans sa large étuve,
« Si vous restez sans repentir,
« Que l'on vous fera tous rôtir.

« Mais quand, étendus sur la braise,
« — Hélas! mes frères, pour toujours —
« Appelant à votre secours,

« Vous me crîrez : « ah ! père Blaise,
« Qu'on est mal dans cette fournaise, »
« Je répondrai : « j'en suis bien aise. »
« De ce Jésus, mort sur la croix,
« Voyez les blessures saignantes,
« Contemplez les chairs pantelantes :
« Écoutez, écoutez ma voix.
« Oui, je le dis, rien ne m'arrête :
« Ce Dieu trop bon perdit la tête
« En périssant pour la conquête
« De l'âme de tels Albigeois !
« Et toi, saint Janvier, qui protéges
« Cette race de mécréants,
« Laisse-la dans ses sacriléges.
« Belzébuth la tient dans ses piéges,
« Pourquoi resterais-tu céans ?.... »

A l'instant, ce ne sont plus que larmes, soupirs, gémissements. La vue de l'énorme christ, couvert de ses macules sanglantes, que désigne du geste notre prédicateur, mais surtout, et avant tout, la terrible crainte de voir le grand saint Janvier abandonner Naples, ont subitement changé la disposition des esprits. Une foule de mains suppliantes se tendent vers le père Blaise, jésuite des plus madrés, qui, profitant avec habileté de la situation, continue ainsi :

« Eh bien ! mes enfants, puisqu'enfin
« Vous venez à résipiscence,
« Qu'en vos cœurs je vois le Malin
« Vaincu par ma faible éloquence,
« Je vais porter dans votre esprit
« Le doux parfum de l'espérance
« Que tous les fils de Jésus-Christ
« Doivent avoir en sa clémence.
« Vous croyez, pauvres ignorants
« Des secrets de la Providence,
« Que semé d'âpres accidents,
« Que sans aucune jouissance
« Se trouve le chemin du Ciel ?
« Non, ce chemin de délivrance
« Peut être plus doux que le miel !...
« Mais, pour apprendre à le connaître,
« Choisissez un bon directeur
« Jésuite : tout autre prêtre
« Pourrait vous conduire à l'erreur.

« Les enfants de saint Dominique,
« Les Maristes, les Franciscains,
« N'ont du Ciel aucune pratique,
« Et leurs saints sont de pauvres saints.
« Tandis que nous, enfants d'Ignace,
« Avons eu toujours bouche en cour,
« Le bras aussi long que l'espace ;
« Et jamais à nos vœux pape ne resta sourd !...

« Notre paradis est tout autre
« Que le leur : paradis des yeux,
« De l'âme, de l'esprit, le nôtre
« Est un Paradis tout joyeux.
« Dans le leur, on dort, ou l'on bâille,
« On n'y vit que de l'air du temps ;
« Souvent, même, l'on s'y chamaille
« Pour quelques mots vides de sens !
« Mais dans celui du père Blaise
« C'est vraiment tout Napolitain :
« On boit, on rit, par parenthèse
« Le poisson s'y mange sans pain ;
« Et quand l'estomac sent la faim,
« Le melon, l'ananas, la fraise
« Viennent vous tomber dans la main.

« Pourtant, c'est peu que cette chère,
« Puisque dans notre Paradis
« Chacun trouve, s'il le préfère,
« Un golfe de macaronis,
« Un golfe de vin de Madère.
« Qu'en dites-vous, Lazaronis ?..... »

A ces mots, une joie immense
S'empare de cette assistance ;
Des cris d'enthousiaste démence
S'élèvent au sommet des cieux ;
Et rempli de reconnaissance
Pour sa culinaire éloquence,
Ce peuple, vaincu par la panse,
Jure une éternelle alliance
Avec le moine captieux.....

Quant à nous, depuis le matin sur pied, et rassasiés de cette harangue de carrefour, nous allâmes nous reposer de nos fatigues, cherchant à oublier, ou, tout au moins, à atténuer les excentricités et surtout les funestes peintures de l'enfer du père Blaise, auquel des mécréants tels que nous le sommes sont sans nul doute prédestinés, par le souvenir enchanteur de ces Champs Élysées du divin poëte, que nous avions visités le matin même après avoir salué sa tombe.

Vale.

XV

Amalfi, mai 1857.

La longue course de Pouzzoles, loin de refroidir notre ardeur à l'endroit des voyages, nous inspira le désir d'étendre le cercle de nos excursions. En conséquence, il fut décidé que nous visiterions Castellamare, Sorrente, Capri, Amalfi, Salerne et Pestum.

Cependant, avant le départ, et comme nous comptions

aller coucher seulement à Sorrente, ce qui doit prendre à peine une demi-journée, nous traversons Naples à pied pour gagner le chemin de fer de Castellamare, espérant trouver, peut-être, quelque chose de nouveau à observer sur les mœurs ou sur les usages de cette excentrique cité. Et d'abord, ce sont les travailleurs, car il faut avouer qu'il en existe néanmoins ici quelques-uns, chacun tenant à la main l'instrument de son état. Assis le long du trottoir, ils dévorent quelques racines ou quelques fèves crues, et semblent se reposer, par avance, de leurs fatigues futures. C'est là que les patrons viennent les embaucher.

Tout à côté de ces pauvres diables déguenillés, et comme contraste, se remarque l'établissement de la marchande d'oranges, grande belle fille, parée de mille brimborions en or, capables de faire ressortir l'élégance de sa mise coquette. Retranchée derrière son éventaire entre quatre colonnettes de cuivre reluisantes de propreté, entourée d'un amas énorme de ses petites boules d'or, on dirait un brillant général d'artillerie amoncelant autour de lui les projectiles qui devront servir à la défense de sa citadelle.

Mais les trois gueules de Cerbère

Pousseraient des cris moins affreux

Que ceux qu'incessamment profère,

Pour achalander l'éventaire,

La charmante fille aux yeux bleus.

Hélas ! il faut bien te le dire,

Elle subit, la pauvre enfant,

De l'usage le sot empire :

On hurle à Naples, ainsi va pour le hurlement !

Tout se hurle en ces lieux, jamais rien ne se crie :

Le sermon comme le sorbet,

De la Vierge la litanie

Comme de la chèvre le lait.

Toutefois, avant de nous envagonner au chemin de fer, il nous prit fantaisie de pénétrer dans l'un de ces bouges infects qui donnent asile à la classe pauvre, et qui existent ici par milliers.

Figure-toi une caverne de dix à quinze mètres de profondeur, ne recevant de jour que par la porte. Il n'est pas rare d'y voir grouiller huit à dix personnes de la même famille. En compagnie, parfois, d'une chèvre et d'une vache, les poules, nombreuses à Naples, après avoir, pendant la journée, parcouru les rues insoucieusement pour y chercher leur nourriture, rentrent, le soir, à ces chenils, comme partie intégrante de la maison ; je ne saurais trop dire où elles perchent, mais ce ne saurait être sur le ciel du lit, car ce meuble de luxe est inconnu en ces retraites de la misère. Lors donc que les pauvres gens quittent la rue, leur domicile habituel, pour se coucher, ils se contentent d'étendre quelques guenilles sur les planches qui leur ont servi de table, y dorment pêle-mêle, pareils à des vers à soie, et à peu près aussi nus.

N'ayant guère de motifs plausibles pour visiter avec détail ces tristes demeures, nous ne pûmes nous en rendre qu'un compte bien superficiel. D'ailleurs, les exhalaisons d'une odeur nauséabonde eussent fait reculer la curiosité même la plus intrépide, et nous avions assez vu pour comprendre l'incroyable fouillis que c'était. Avant de sortir, gardons-nous d'oublier, cependant, devant la porte, le fourneau portatif qui remplace la cheminée.

Mais ce que l'on est certain de rencontrer invariablement tout au fond de chaque domicile, c'est l'image de la Vierge, près de laquelle brûle éternellement une pieuse lampe; car le culte de la Madone passe, ici, bien avant celui de Dieu! La Vierge prime tout, si ce n'est pourtant saint Janvier, qui ne connaît pas de rival.

>C'est bien là ce bateau sacré
>Qui contint dedans sa carcasse,
>Au dire de notre curé,
>Un spécimen de chaque race.
>Cependant, pour ne point mentir,
>Je ne vois, en cette tanière,
>Ni le léopard sanguinaire,
>Ni le lion, ni la panthère,
>Toujours prêts à vous engloutir.
>Mais aussi, que d'autres espèces
>Y prennent de grandes liesses,
>Rongeurs de toutes les façons,
>Dont j'aurai la délicatesse
>— Je t'en fais ici la promesse —
>De ne point te dire les noms!....

> Ah ! grand Dieu, que rapporterai-je
> De ce pays napolitain ?
> J'ai le frisson, la peur m'assiége,
> Et de peur d'être pris au piége,
> Poursuivons donc notre chemin.

Nous nous hâtons de gagner l'embarcadère, fuyant ce hideux spectacle, et ne tardons pas à partir. De Castellamare une voiture nous conduit à Sorrente.

La route côtoie la mer, à votre droite, et Naples ne cesse jamais d'être en vue. A la gauche, s'élèvent de gigantesques rochers, ou bien se creusent de pittoresques vallons, couverts d'oliviers, et ornés de guirlandes de villages, dont les maisons sont pressées les unes contre les autres de telle sorte qu'elles ont un petit air de troupeau de mouton qui leur sied à ravir. Bientôt nous arrivons à Sorrente.

> Sorrente, lieu sacré pour l'âme du poëte,
> Qui vit naître le Tasse, abrita son berceau,
> Qui, si Rome couvrit sa cendre d'un tombeau,

Le revit sur ses bords, aux jours de la tempête,
Fuyant les noirs cachots, pour abriter sa tête.
Hélas! le doigt de Dieu semble s'appesantir
Sur ces rois de l'esprit condamnés à souffrir.
Tous misérablement terminent leur carrière :
On dirait les maudits de la nature entière !
Galilée est, vingt ans, en face du bûcher.
Lorsque de sa prison il a pu s'arracher
Le Tasse tarde peu, vaincu par la folie,
A perdre les trésors de son puissant génie.
Homère, mendiant, manqua souvent de pain.
Colomb faillit subir presque même destin,
Après qu'il eut, longtemps, dans des cachots immondes,
Expié le forfait d'avoir trouvé des mondes.
On a vu Cervantès, de l'Espagne l'honneur,
Aux présides d'Alger courber son front penseur.
Et de nos jours, enfin, son ingrate patrie
A Lamartine pauvre ingratement dénie
L'obole que chacun doit à l'homme de bien,
Quand cet homme surtout est un grand citoyen !

De tout ceci que devons-nous conclure?
Que le bonheur ne peut être goûté
Que par ceux dont la vie obscure,

Loin du bruit, de la vanité,
S'écoule comme une onde pure,
Même au sein de la pauvreté.

Rien ne nous arrêtant à Sorrente, pas même la demeure du célèbre auteur de la *Jérusalem délivrée*, dont il n'existe plus que quelques vestiges, nous partîmes, le lendemain matin, pour l'île de Capri, sur une barque conduite par six rameurs. Le temps était superbe et la mer magnifique.

Sur les tranquilles flots mollement balancés,
Par le souffle amoureux des zéphirs caressés,
Nous voguons vers Capri, vers cette île sinistre
Où régna de la mort, jadis, l'affreux ministre.
Nous voyons ces rochers, d'où l'horrible empereur
Aux confins de la terre envoyait la terreur.
Sous le courroux des Dieux est-il donc des contrées
Qui soient fatalement pour toujours consacrées
A donner un asile aux plus lâches tyrans?
Tibère l'habita, Lowe y vécut dix ans!

Non, de ces lieux maudits la crainte est disparue,
Et l'on n'y meurt, je crois, que quand l'ennui vous tue;

Mais, si vous échappez à cette triste fin,
Vous pourrez succomber aux horreurs de la faim,
Car nous n'apercevons dans ce pays sauvage
Aucun des aliments dont l'homme fait usage.
Le culte de Pomone et celui de Cérès,
Comme l'eût dit Boileau, n'ont ici nul accès ;
Et l'or du pur froment sur ces monts plutoniques
Pâlirait, desséché sur des tiges étiques.
Seulement, on y voit quelques rares troupeaux,
La chèvre vagabonde instruisant ses chevreaux
A grimper hardiment sur les plus hautes cimes,
A franchir, sans effroi, de périlleux abîmes.
Bacchus des douze Dieux est le seul qui survive,
Mais sa vigne est, ici, pauvre, hélas ! et chétive.

A Capri, tu le vois, les temps ont bien changé,
Les Empereurs sont morts, les Dieux ont délogé ;
Et le seul, entre tous, dont on garde mémoire,
Le seul à regretter, puisque seul il fait boire,
N'a pas même trouvé le moindre cabaret
Qui le prît pour enseigne au haut d'un tourniquet.

Cependant, avant de débarquer, nous côtoyons le rivage jusqu'à ce que nous arrivions vis-à-vis de la célèbre

Grotte d'azur, que nous désirons visiter. Pour cela, on est obligé de quitter le grand canot, et même de se coucher au fond d'un tout petit batelet, unique moyen de pénétrer par cette espèce de gueule de four qui forme l'entrée de la grotte. Nous voilà donc sur notre coquille de noix, dansant comme de légers bouchons, attendant qu'il plaise à la vague de s'abaisser suffisamment afin de pouvoir nous glisser au travers de l'étroi boyau que, souvent, elle obstrue entièrement de ses ondes.

Il faut bien se garder de toute indiscrète curiosité, car pour peu qu'on soulevât la tête on se la briserait infailliblement. Du reste, le danger passé, personne ne songe à se plaindre des quelques éclaboussures dont ses habits peuvent avoir été souillés, tant l'esprit est grandement frappé du spectacle extraordinaire qui s'offre subitement aux regards, à l'instant où l'on pénètre sous cet immense excavation. En effet, tout, autour de soi, a, dans un clin d'œil, changé de couleur ; tout est devenu d'un magnifique azur.

O vous, fières beautés, dont le charmant visage
A les fraîches couleurs, attribut du jeune âge,

Gardez-vous de venir en ce perfide lieu
Maculer vos attraits de ce sinistre bleu !
Orphée eût planté là sa trop chère Eurydice,
Après avoir couru la chercher en Enfer,
S'il eût vu, de retour des antres de supplice,
L'incarnat de son teint changé dans ce bleu clair.
Pénélope, Didon, Omphale et Cléopâtre
Certes eussent subi toutes même destin
      Si sur leur front de pur albâtre
Fût venu s'étaler cet azur inhumain.

      De cette voûte hétéroclite,
Domaine périlleux de la vieille Amphitrite,
      Ah ! Mesdames, n'approchez pas...
Oui, mieux vaudrait cent fois pour vos divins appas,
      Je l'avouerai, cette première ride
      Qui des amours sonne le glas,
Que de les voir passer au bleu dans ce liquide !

Pourtant, comme nos guides nous racontèrent qu'un malheureux touriste est demeuré *encachoté* plusieurs jours, sans aucune espèce de vivres, au fond de ces affreux rochers, retenu qu'il était par l'énormité des vagues, dont la masse ne laissait même pas à la lumière la permission d'entrer,

> Nous nous hâtons de déloger
> De cette grotte souterraine,
> Pour ne point, hélas ! y singer
> Le bon Jonas dans sa baleine,
> Qui, dit-on, resta sans manger
> Près de moitié d'une semaine ;
> Car nous n'avons pas comme lui
> Le Père Éternel pour compère,
> Et s'il faisait mauvaise chère,
> Priait-il Dieu dans son réduit :
> Tandis que nous, pour tout déduit
> N'aurions, en ce lieu de misère,
> Que grincements de dents et tout ce qui s'ensuit.

Mais je m'aperçois, mon cher ami, que ma lettre est déjà bien longue ; je renvoie donc la *grimpade* de Capri à un prochain courrier.

Vale.

XVI

Salerne, mai 1857.

A peine avons-nous quitté la merveilleuse grotte, que, reprenant notre felouque, nous nous dirigeons sur l'un des deux seuls ports qui donnent accès dans Capri. Le hasard nous fait aborder à celui où débarqua, en plein jour, l'intrépide général Lamarque, lorsque, en 1808, il s'empara, à la tête d'une poignée de braves, de cette ile, défendue par sir Hudson Lowe, le trop célèbre geôlier de Sainte-Hélène, et en vue de la flotte anglaise elle-même.

Vers ces monts escarpés, voisins de la tempête,
La mer dessous ses pieds, l'ennemi sur sa tête,
Le valeureux Lamarque a dit à ses soldats :
« Amis, la lutte ici, peut-être le trépas,
« Le trépas glorieux, mais aussi la victoire.
« Vos noms seront gravés aux pages de l'histoire,
« Et la patrie heureuse, adoptant vos enfants,
« Saura récompenser ces travaux de géants ! »
D'aucuns cris, cependant, n'a retenti l'espace.
Ces farouches guerriers se parlant à voix basse,
Pour ne point attirer les regards de l'Anglais,
S'entredisent : « Sachons vaincre ou mourir Français !
« Lamarque n'aura pas en vain choisi ses hommes ;
« Qu'il connaisse, en ce jour, quelle troupe nous sommes ! »

Aussitôt, s'élançant le mousquet à la main,
L'un gravit un rocher, ou franchit un ravin ;
L'autre en de longs circuits comme un serpent se glisse,
Saisissant un coudrier par lequel il se hisse.
Ainsi, bientôt ces rocs, qui semblaient endormis,
S'animent : on dirait le peuple des fourmis

Qu'un soleil bienfaisant fait sortir de la terre
Pour aller conquérir sa pâture ordinaire,
Et rapporter, enfin, sous son prudent couvert
Le grain qu'il lui faudra pour la saison d'hiver.
Ce sont nos fiers guerriers, qui, par cette escalade,
Viennent de parvenir à l'étroite esplanade
Où l'on voit se dresser dessus trois mamelons
Un gigantesque fort hérissé de canons.
Mais qui pourrait redire, en ce moment suprême,
L'étonnement de tous quand Lamarque lui-même
Se présente à leurs yeux? Nul ne l'a devancé :
« Soldats, à votre tête un héros m'a placé;
« En marchant devant vous j'ai donc rempli ma tâche :
« A l'assaut ! Tuez-moi si vous me voyez lâche ! »
Et du Chant Marseillais la formidable voix,
Qui préludait, naguère, à tant de grands exploits,
Va porter jusqu'au sein de cette citadelle
Du fait d'arme inouï la terrible nouvelle.

Hudson Lowe, pourtant, ne s'est point alarmé
A ce débarquement, à son but présumé.
Croyant de ses rochers l'abord inaccessible,
Il n'imaginait point qu'un assaut fût possible.
Quelle fut sa stupeur quand il vit les Français

Jusqu'au pied des remparts se frayer un accès.

Toutefois, sir Hudson répare, à l'instant même,

Une faute commise : en ce péril extrême

Il appelle à grands cris les Anglais aux remparts.

Ces cris sont entendus ; on voit de toutes parts

Ses troupes accourir. Du haut de la muraille

Le bronze retentit ; une affreuse mitraille

Balaye incessamment les plus audacieux ;

Des blessés, des mourants la plainte monte aux cieux ;

La mort semble vouloir, sous ses coups homicides,

Anéantir, ici, tant d'hommes intrépides,

Et, du sommet des murs, une immense clameur

Annonce que l'Anglais se croit déjà vainqueur.

En effet, tout d'abord la brave troupe hésite ;

Lowe s'en aperçoit ; il court, se précipite

A la tête des siens ; franchissant le rempart,

Lui-même, de sa main, il saisit l'étendard :

« A moi, nobles enfants de la vieille Angleterre !

« Dit-il ; que ces forbans mordent tous la poussière.

« Puissent-ils aujourd'hui voir leur dernier soleil ;

« Que leurs corps sur ces rocs, sans espoir de réveil,

« Demeurent étendus, privés de sépulture,

« Et des oiseaux du ciel deviennent la pâture ! »

A ces mots, se jetant au plus fort du combat,
Son épée à la main, il frappe en vrai soldat.
Mais aussitôt Lamarque accourt et le repousse.
« Grenadiers, s'écrie-t-il, Français, à la recousse !
« La honte des vaincus est un trop lourd fardeau :
« Suivez-moi pour trouver ou lauriers ou tombeau ! »
A ces mots, le frisson d'une valeur muette
A parcouru les rangs ; un cri : « *la baïonnette !* »
S'élève ; et les Anglais, de leur poste arrachés,
En désordre fuyant de rochers en rochers,
Vont vainement chercher derrière la muraille
Un abri mensonger. Vainement la mitraille
Foudroie, à coups pressés, Lamarque et ses soldats ;
Ils marchent aux Anglais, les suivent pas à pas,
Les frappent sans merci, sans relâche, sans trêve,
Jusqu'à ce qu'à la fin, acculés sur la grève,
Ils aillent demander asile à leurs vaisseaux,
Tandis que sur ces bords flottent nos fiers drapeaux.

Ah ! mes chers compatriotes, mes modernes Titans, quelle que fût votre chevaleresque bravoure, vous n'eussiez jamais pu accomplir cette meurtrière escalade, si, alors, — comme moi en cet instant — vous eussiez souffert d'un douloureux lumbago.

Combien les choses de ce monde
Changent de face pour un rien :
Si la Fortune vous seconde,
Vous menez votre barque à bien ;
Mais si l'inconstante femelle
Vous tourne le dos, à l'instant
Tout s'écroule, tout se rebelle,
Et l'entreprise la plus belle
S'évanouit : c'est l'étincelle
Sous le souffle de l'ouragan !
Caton, dans les plaines d'Utique,
Napoléon à Waterlo,
Tous deux leur fortune à zéro,
— Circonstance, hélas ! fort critique —
Et tous deux pris du lumbago,
N'eussent songé, dans leur souffrance,
Nullement, certes, à mourir,
Mais, au contraire, à se guérir.
Et l'histoire, comme on le pense,
Eût alors bien changé de ton
Sur Bonaparte et sur Caton !

A peine sommes-nous débarqués, que la partie féminine de la population de l'île, formée en bataillon carré, nous entoure. Chaque femme ou fille tient un âne par la bride, et se met à nous vanter le mérite de son intéressant quadrupède. C'est, en effet, à l'aide de l'utile intermédiaire de ces animaux que l'on est hissé, à travers d'abruptes sentiers, jusques aux ruines du palais situé sur un roc perdu dans les nuages.

Mais avant d'y parvenir, nous rencontrons une manière de café-restaurant, dont la maîtresse nous fit un gracieux accueil et nous offrit des rafraîchissements d'un aspect des plus engageants. Puis, connaissant la passion de ses compatriotes pour la musique aussi bien que pour la danse, elle saisit un tambour de basque, et voici toutes nos ânières dansant la *Tarentelle* avec une mesure si précipitée et des gestes si gracieux, que nous pûmes, un moment, nous croire au milieu des prêtresses de Bacchus fêtant le dieu du vin.

Enfin, reprenant notre route, nous arrivons bientôt, sains et saufs, au plus élevé des douze palais qu'Auguste et son successeur avaient fait construire en ce lieu sauvage.

Ici régna Tibère; ici, de ce rocher,
Dont, sans trembler, aucun n'eût osé s'approcher,
Ce sinistre vieillard commandait; et le monde
Obéissait, courbé sous sa terreur profonde.
Un signe de sa main, un regard de ses yeux
Pouvaient charger de deuil l'homme le plus heureux,
Car cet homme n'eût pu, sous ce tyran farouche,
Le soir, quand il allait pour regagner sa couche,
Se dire sûrement qu'à l'heure du réveil
Sur sa tête il verrait luire encor le soleil !

Eh bien ! mon cher ami, tu ne vas pas me croire,
Quoique tu saches fort combien est transitoire
Le sort de toute chose, et moi-même, vraiment,
Si je ne l'avais vu, j'en ferais tout autant :
Eh bien ! dans ce palais, où les grands de la terre
Inclinaient bassement le front devant Tibère,
Je vois un âne paître et fouler le gazon,
Plus loin, un moine assis, dont le double menton
Décèle le viveur plus que l'anachorète,
— Le bréviaire obligé cependant il feuillette —
Paraissant peu savoir, ainsi que son voisin,
S'ils remplacent, ou non, un empereur romain !....

Ce gros moine joufflu nous vend une relique

Qui guérit de tous maux, ainsi qu'il nous l'explique,
Et ne manque jamais de vous baiser les mains
Quand au lieu d'un ducat vous donnez vingt *carlins*.

Ce moine dessert une toute petite chapelle construite sur l'emplacement d'un ancien temple dédié à Mithra. Le bon religieux nous offre, avec une grâce toute séraphique, un charmant petit bouquet, et nous présente, en même temps, un goupillon chargé d'eau bénite; puis il enserre, avec reconnaissance, les quelques *grains* que j'ai la ladrerie de lui octroyer.

L'une des choses les plus curieuses que nous avions à voir était certainement le roc surplombant à une hauteur de dix-huit cents pieds au-dessus du niveau de la mer, d'où l'homicide empereur se donnait le passe-temps de précipiter, de ses propres mains, de malheureux astrologues dont les oracles contrariaient ses désirs, et que leur chimérique science n'avait pu instruire du sort qui les attendait.

Nous courûmes donc à cette roche tarpéienne d'un

nouveau genre, et nous voilà, mes deux compagnons et moi, tout comme de véritables écoliers, à lancer des pierres dans la mer du haut de ces titanesques sommets. Du pic où nous étions placés, de grandes barques ressemblaient, à s'y méprendre, à des mouettes se balançant sur la cime des vagues.

Enfin, nous quittons l'île à une heure du soir, cinglant vers Amalfi.

Vale et me ama.

XVII

Salerne, mai 1857.

Comme je te l'ai dit: c'est vers Amalfi que nous orientons notre voile en quittant Capri.

La traversée, qui, d'abord, paraissait devoir être heureuse, poussés que nous étions par un vent si léger qu'il semblait à peine caresser les ondes, ne tarda pas à nous donner de graves appréhensions. En effet, quelques petits nuages auxquels nous avions fait assez peu d'attention, venant à s'épaissir avec une rapidité de mauvais augure, parurent assombrir bientôt les fronts de nos rameurs.

Les vents se déchaînaient, et Neptune en courroux
Semblait vouloir, mon cher, se défaire de nous !
  Heureusement que la colère
  De ce Dieu si peu débonnaire
  Se calma ; les flots apaisés
  De nos esprits mieux avisés
  Firent disparaître la crainte.
  Mais, pour mettre bas toute feinte,
  J'avais tremblé, sans dire mot,
  Sans oser pousser une plainte,
De faire le souper de quelque cachalot !
Nous voguons maintenant, pleins de mansuétude,
Riant de nos terreurs, libres d'inquiétude,
Car l'homme est oublieux : voyez les Pompéiens
Dormant sur des volcans qui sont à peine éteints.
Un rayon de soleil ainsi me rassérène,
Et pourtant, pauvre fou, sur cette humide plaine
Si le moindre museau de requin se montrait,
N'eussé-je qu'un cheveu qu'il se redresserait !

Insoucieusement assis sur le pont de la felouque, respirant cette douce brise chantée par tous les poëtes, depuis Tibulle jusqu'à Lamartine, nous ne pouvions nous lasser d'admirer, le long de la rive, ces villages d'une blancheur d'albâtre, merveilleusement mariés à l'azur d'une mer si calme et d'un ciel si pur. Je ne connais pas de langage capable de peindre toutes les magnificences de ce spectacle magique; aussi ne le tenterai-je point. Mais nous sommes tirés, tout à coup, de cette ravissante contemplation par la vigie, signalant l'approche du lieu de débarquement. Or, cette vigie était un petit garçon, de dix ans à peine, qui, lui aussi, avait eu une rude peur à l'endroit du cachalot; ensorte qu'à la vue du port il ne put retenir un cri révélateur de ses récentes angoisses.

> Nous n'étions plus qu'à cent pas du rivage,
> Un doux zéphir semblait pronostiquer
> Que nous pourrions à l'aise débarquer,
> Quand se présente une foule sauvage
> Gesticulant, braillant et faisant rage,
> Qui paraissait vouloir tous nous croquer.
> J'horripilais : — si ce mot peut se dire :

Il est nouveau, mais il me plaît assez —
Allait-on donc tous trois nous faire cuire,
Ou serions-nous simplement dépecés ?
Cook avait été, prétend-on, l'un et l'autre ;
C'était peu rassurant, mais en pays chrétien
Un sort pareil au sien ne pouvait être nôtre.
Néanmoins, ces hurleurs ne venaient pas pour rien,
D'autant qu'ils avançaient dans l'eau jusqu'à la croupe :
On eût dit de requins une effrayante troupe.
Tout à coup le problème, à nos yeux éclairci,
Nous tira, par ma foi, d'un assez grand souci :
Nul de ces enragés n'était antropophage ;
C'étaient de bonnes gens venant à l'abordage
Non point pour nous manger sans pitié, ni merci,
Mais pour porter notre bagage !

Nous laissâmes faire, sans résistance, ces Patagons civilisés, qui se chargèrent sur les épaules nos effets et même nos individus ; car l'embarcation ne pouvant arriver jusqu'à la grève, nous eussions eu, pour y parvenir, de l'eau salée jusqu'à la ceinture. Il était cinq heures du soir. Aussi, après un confortable dîner, nous hâtâmes-nous de visiter cette petite et montueuse ville d'Amalfi, qui fut le siége d'une république puissante, comptant, au XIII° siècle, cinquante mille habitants, et la prodigieuse quantité de cent trente églises. Aujourd'hui, elle ne présente rien de très-remarquable à la curiosité du voyageur, si ce n'est une cathédrale — dernier vestige de son ancienne splendeur — dédiée à saint André, et décorée de belles colonnes volées à un temple de Neptune, que nous devons voir à Pestum.

Le Maître a dit dans l'Évangile :
Rendez à Dieu, mais rendez à César.
Le disciple est bien plus habile :
Il ne rend rien et prend de toute part.
A Neptune il prend sa colonne ;
Le Panthéon est pris aux douze dieux.
Deçà, delà, chacun braconne,
Et toujours pille à la gloire des cieux !

Nous couchons à Amalfi pour nous remettre de notre rude étape, et, le lendemain, gagnons Salerne par la voie de terre. La route, taillée dans un rocher à pic, côtoyant le bord de la mer, est on ne peut plus pittoresque; mais j'étais tellement brisé par les fatigues de la veille, que je ne tardai point à m'endormir aux doux balancements de notre calèche.

Mes compagnons me réveillèrent enfin pour me prévenir que nous arrivions dans cette ville, si célèbre par son école de médecine, déjà florissante dès le Xe siècle. Tout en me frottant les yeux, je descendis de voiture, mais ne pus m'empêcher de leur dire :

« — Quoi ! c'est ici, vraiment, la terrible Salerne ?
« L'école, le berceau... Non ! plutôt la caverne
« D'où sont sortis, à flots, pendant près de mille ans,
« Des soldats de la mort les sombres régiments !
« Il faudrait me donner quelques grains d'ellébore,
« Pour être venu là, dans la boîte à Pandore. »

Lors, j'allais prudemment retourner sur mes pas,
Quand un Monsieur poli, m'abordant chapeau bas,
Me dit : « N'ayez frayeur, ici, de médecine ;
« Nous avons tout chassé ; venez voir ma cuisine,
« Car je suis hôtelier. Notre école n'est plus,
« Et nos médicaments sont des coulis, des jus,

« Des chapons gros et gras, des truites saumonées,
« Cuites dans un vin blanc, vieux de plusieurs années.
« Si vous doutiez encor, entrez à la maison,
« Vous verrez Esculape en bonnet de coton;
« C'est le dernier docteur qui reste dans la ville,
« Je l'ai fait cuisinier pour lui donner asile.
« Et depuis que Raspail, bienfaiteur des humains,
« A donné leurs congés à tous les médecins,
« Nous avons des débris du temple d'Épidaure
« Bâti deux *cabinets*, dont l'un est inodore.
« Veuillez entrer, veuillez visiter mon logis,
« Vous verrez le Docteur y plumer des perdrix.
« Ses doigts, accoutumés à tenir la spatule,
« Ne trouvent en cela rien qui soit ridicule.
« De son nouvel état il est si bien au fait,
« Que comme le chrétien il saigne le poulet. »

Mes poumons, aussitôt, respirent plus à l'aise;
Me voici rassuré; toute crainte s'apaise;
Je presse entre mes bras ce bon Salernien.
— Ce qu'il m'apprenait-là, certes, le valait bien
Je le pressais si fort, criant: « Quoi, plus d'école! »
Qu'il en perdit le souffle et presque la parole.
« Salerne sans Purgons ! Mais c'est une oasis,
« Un pays de cocagne, un petit paradis.

« Nous dînerons ici ; j'y passerais ma vie.

« Conduisez-moi, mon cher, à votre hôtellerie.

« Quoiqu'à votre Esculape au bonnet de coton

« Je me fie à demi. Surveillez le larron !

« Il se pourrait très-bien que, par réminiscence

« De son premier état, pour montrer sa science,

« Il vînt médeciner ou rôtis ou ragoûts,

« Et qu'il nous envoyât à l'ancien rendez-vous ! »

Pourtant, après dîner j'allai, pour me distraire,
Dire un petit bonjour au Docteur honoraire.
C'était un gros garçon, bien nourri, bien joufflu,
Un chanoine, vraiment, s'il eût été tondu.
J'étais, moi, l'antiquaire, en un manoir gothique
Des âges écoulés visitant la relique.
On voyait, dès l'abord, que ce fils d'Atropos
Avait front très-serein, conscience en repos,
Se disant sans remords, comme un franc diplomate :
« Si j'ai tué les gens, c'est de par Hippocrate ! »
Aussi, je crus devoir lui faire un grave accueil,
De même qu'en passant on salue un cercueil.

« — Je prends beaucoup de part à la mésaventure

« Qui vous atteint, Docteur ! » Je mentais, je le jure,
Comme un affreux coquin, car mon contentement

De minute en minute allait toujours croissant;
Si j'affectais, alors, ce grand air de tristesse,
C'était, à franc parler, par pure politesse,
— Par égard pour un homme à ce point déclassé,
Et peut-être un savant, quoiqu'un savant chassé —
Puisque je regardais l'école de Salerne
Dangereuse à l'égal d'une autre hydre de Lerne;
Et la nouvelle, ici, de son enterrement
M'était, comme un julep, de tout point bienfaisant.
Le pauvre diable fut trompé par l'apparence.

« Inquiétez-vous moins, me dit-il, Excellence,
« Je suis heureux, et vais, pour vous édifier,
« Lire un chapitre ou deux du *Parfait Cuisinier*.
« Quand on fait un métier il faut croire *quand même*
« Soit au grand Boerhaave, ou soit au grand *Carême!*
« Je crois à mes civets, cuits au vin de Médoc,
« Comme je crus, jadis, au baume Opodeldoch.
« Rengainez, croyez-m'en, toute condoléance;
« Mon état a changé beaucoup moins qu'on ne pense :
« On meurt du cuisinier ainsi que du docteur.
« Sur ce, je suis, Monsieur, votre humble serviteur. »

Je ne pus retenir mon sérieux à la bouffonnerie de

ce Sangrado culinaire, et pris congé de lui sans me soucier davantage de savoir lequel du maître ou du valet avait fourni les épices du festin.

Peu remis encore de nos fatigues ascensionnelles de Capri, nous prîmes la sage résolution de nous reposer la journée du lendemain tout entière à Salerne.

Rien, dans cette cité déchue, ne mérite l'attention du touriste, sinon des colonnes de vert antique, enlevées, de même que celles d'Amalfi, aux temples de Pestum, et qui décorent aujourd'hui la cathédrale. Cette église renferme dans sa crypte deux monuments funéraires fort curieux : ce sont les tombeaux du fougueux pontife Grégoire VII, et, tout auprès, celui, dit-on, de l'apôtre saint Mathieu.

Adieu, mon ami ; à bientôt la suite de la relation de notre course.

Vale et me ama.

XVIII

Naples, mai 1857.

De retour à Naples, et ne voulant pas laisser s'effacer le souvenir de nos pérégrinations, je m'empresse de t'en raconter, sans retard, les péripéties, reprenant ma correspondance au moment de notre départ pour Pestum.

On voyage, jusqu'à une assez grande distance de

Salerne, en longeant la mer, et ayant à sa gauche les montagnes calabraises, terre classique de ces célèbres brigands dont les exploits défrayent, d'ordinaire, les commérages des vieilles femmes de la Péninsule.

Nous arrivons dans de vastes plaines privées de toute culture, où paissent des buffles à l'air farouche, et où pataugent d'innombrables troupeaux de porcs au milieu de fétides marécages. C'est à la stagnation de leurs eaux croupies que sont dues les éternelles fièvres qui déciment, chaque année, la population de cette triste contrée. Pas un village sur la route, pas un laboureur aux champs; quelques pâtres, seulement, s'aperçoivent de temps à autre, dans le lointain, enveloppés de sordides manteaux en peau de chèvre, qui, hélas! ne les garantiront pas de la terrible *malaria*.

C'est sur les bords de la *Sella*, rivière torrentueuse qui traverse cette plaine, avant de se jeter à la mer, que — soixante et dix ans avant l'ère chrétienne — se termina la guerre des esclaves, dont Spartacus fut le héros.

Nous foulons donc ces champs qu'illustra Spartacus,
Ce précurseur du Christ, et que vainquit Crassus.
Il voulut, comme Christ, détruire l'esclavage,
Que l'homme fût un homme et non un héritage,
Une chose, un objet, créature sans nom,
Et de la race humaine, enfin, dernier chaînon.
Jésus par la parole a vaincu, plein de gloire ;
Spartacus par l'épée a cherché la victoire.
Le premier consentit à mourir sur la croix,
L'autre meurt égorgé pour prix de ses exploits.
Honneur à ces héros de vertu si profonde
Qu'ils méprisent la mort pour affranchir le monde !

Cependant, après une marche de six heures, que nos chevaux exécutèrent sans reprendre haleine, nous arrivons à Pestum, ancienne colonie de Sybaris, disent les historiens. Mais je présume qu'à cette époque reculée — bien antérieure à la domination romaine — Pestum n'était point, ainsi qu'aujourd'hui, hantée par des myriades de serpents, seuls hôtes de ces lieux sauvages. La ville n'existe plus, depuis des siècles, qu'à l'état de souvenir. Le buisson et la ronce ont seuls pris la place des roses jadis si renommées chez les Romains, car la mer, par ses envahissements, la *malaria*, par ses ravages, ont obligé la population maladive habitant ces ruines à chercher, enfin, un refuge sur les montagnes.

Pourtant, comme ce n'étaient point d'horribles fiévreux qui avaient attiré notre curiosité, nous courûmes rendre visite aux trois temples, unique objet de cette excursion. Infiniment mieux conservés que ne le sont ceux des autres parties de l'Italie, et même de la Grèce antique, quoique de date beaucoup plus ancienne, ces monuments — au dire des artistes — leur sont fort supérieurs comme science architectonique.

Ces temples, qui virent tant d'âges,
Furent témoins de tant d'événements,
De jours sereins, de jours d'orages,
Impassibles comme le Temps,
Inspirent, à la fois, et bonheur et tristesse
Dans les émotions d'un doux recueillement,
Tant le respect de la vieillesse
Est inné chez l'homme pensant !
Cet autel, — serait-ce un blasphème ? —
Où nos ancêtres ignorants

A des Dieux qu'ils faisaient eux-mêmes
Apportaient de riches présents,
Eh bien! rappelle à ma mémoire
Tant de souvenirs gracieux,
Que sur sa pierre expiatoire,
Dans ces temples, de l'art chefs-d'œuvre merveilleux,
Je viens m'agenouiller tel qu'un enfant pieux.

Tout en flânant avec curiosité à l'entour de ces demeures de Dieux tombés en faillite, j'avise un laboureur occupé à cultiver le chiendent! Oui, le chiendent, mon cher Hyacinthe, auquel ce nouveau Triptolème donnait un léger labour, à cette fin qu'il pût étendre plus à l'aise ses racines voyageuses. Toutefois, je ne tardai pas à me rendre compte du pourquoi de cette culture insolite de la graminée envahissante, véritable lèpre de nos champs, quand je me souvins d'avoir vu à Naples de petits paquets de ces *gramens* attachés aux bras des coricolos, et que mangent, en trottant, les chevaux qui y sont attelés.

Mais revenons à nos temples. Ils sont, ainsi que je l'ai dit précédemment, au nombre de trois: la *Basilique*, qui servait, comme on le sait, de *tribunal;* ceux de Cérès et de Neptune, du nom des divinités auxquelles on a cru reconnaître qu'ils étaient dédiés. Ce fut sous l'abri des colonnes de celui de Neptune que nous nous décidâmes à déjeuner en compagnie de nombreux corbeaux, habitants de leurs corniches.

J'ignore tout à fait si messieurs les Sybarites de ces parages étaient aussi gourmands qu'on les a dit paresseux ; cependant, je doute qu'ils aient jamais pris de repas meilleur que celui que nous fîmes à l'aide d'une excellente volaille et de quelques bouteilles de vin de Capri, apportées de Salerne. Aussi, après ce dîner, vraiment digne de la salle du festin, fûmes-nous pris d'une irrésistible besoin de dormir, auquel nous cédâmes sans nous préoccuper, le moins du monde, des serpents, ni même des bandits calabrais, qui, peut-être déjà, s'apprêtaient à nous dévaliser.

> Me voilà donc dans les bras du sommeil,
> Voyageant au pays des songes,
> Et me berçant de leurs mensonges,

Qui font, parfois, maudire le réveil !
Quand devant moi se dresse une ombre
— Elle s'avance lentement —
Dont la figure pâle et sombre
Sent tout à fait l'enterrement.
Je crus à l'une de ces âmes
Qui s'en reviennent mendier
Quelques *francs* pour sortir des flammes,
Et sur leur corps faire prier.
Aussi, dès l'instant je me signe ;
Mais l'ombre, m'arrêtant, me dit d'un air fort digne :

« Gardez pour vous, Monsieur, votre signe de croix ;
« Il pourra vous servir, peut-être, une autre fois,
« Quoique très-peu séant au temple de Neptune !
« Ce serait insulter la mauvaise fortune ;
« Vous êtes sectateur du Dieu qui le chassa ;
« Moi, prêtre de Neptune, auquel il succéda,
« Ou, mieux, je suis son ombre, en ces tristes lieux j'erre,
« Attendant le loisir d'un certain Monsieur *Pierre*
« Qui remplace Cerbère et fait sa faction,
« Repoussant aigrement qui, sans confession,
« De la porte des Cieux lui demande l'entrée.
« Or, je promène là ma pauvre âme navrée.

« Et viens solliciter votre protection
« En sa faveur. Hélas ! elle est bien torturée.
« Écoutez mon histoire et ma contrition,
« Passe-port obligé pour mon admission.

« J'étais, je vous l'ai dit, curé de ce village,
  « Alors que Neptune était Dieu.
  « Je me sers, ici, du langage
  « Adopté depuis en ce lieu,
  « Car, à cette époque lointaine,
  « Augure était vraiment le nom,
  « Dans Rome comme dans Athène,
« A celui de curé, Monsieur, qui correspond.
  « C'était, ma foi, je vous le jure,
  « Un bien beau temps que celui-là !
  « Nous suivions la loi d'Épicure,
  « Ne couchions point sur un grabat,
  « Ainsi que fait le pauvre diable
  « Mon successeur dans ce canton,
  « Qui voit plus souvent sur sa table
  « Un hareng au lieu d'un chapon ;
  « Gagne sa souche solitaire,
  « Chaque soir, comme un vrai hibou,
  « N'ayant, hélas ! que son bréviaire
  « A feuilleter, et voilà tout !

« Tandis que ma jeune chambrière,
« Vive de ses quinze ans, fraîche de ses appas,
    « Venait éteindre ma lumière
    « Et se glisser entre mes draps....

« Mais, un jour, le pauvre Neptune,
« Ainsi que la triste Cérès,
« Eurent tous deux même infortune,
« Et la mienne suivit de près.
« Le peuple n'était plus crédule,
« Il voulut voir la chose au clair ;
« Tout tomba dans le ridicule,
« Et même le grand Jupiter !
« Chacun de nous plia bagage,
« Le Dieu comme son serviteur.
« Il en alla de même, ainsi, dans tous les âges :
« Quand le maître s'en va, tout part : c'est de rigueur.
« Sur ce, je vous fais bien mon humble révérence,
« Et me réjouirai de votre connaissance
« Si vous pouvez, Monsieur, m'obtenir la faveur
« Au parvis des Élus que le portier saint Pierre
« Ne soit plus aussi dur que l'était feu Cerbère.
« Cerbère encor parfois fut-il endoctriné,
« Tandis que celui-ci paraît bien boutonné. »

A ces mots, d'une voix émue,
J'allais au malheureux damné
Dire que sa plainte ingénue
M'avait sensiblement peiné,
Que je courais au presbytère
M'entendre avec son successeur
Afin d'arranger cette affaire,
Lorsqu'en sursaut, tout en sueur,
Je m'éveille, et vois disparaître
— Comme le brouillard du matin —
L'ombre de ce ci-devant prêtre,
Fruit d'un trop bon repas, mêlé de trop bon vin.

Je m'arrête, tremblant : cette histoire païenne
    Pourrait fort bien me conduire à la hart,
    Car Mons Veuillot, dans son ardeur chrétienne,
    Lisant ceci, saurait en faire part,
    Et dénoncer poëte et poésie
A dom Poignardini, voire à dom Grillandus,
    Comme entachés d'une grosse hérésie....
    Puis, tes cousins, mon cher, être pendus.

Je me gardai, tu le comprendras facilement, de raconter mon aventure de l'*autre monde* à nos jeunes gens. M. Maruéjouls, notre fidèle compagnon de route, m'eût pris en pitié, ainsi qu'on le fait d'un fou ; mon fils m'eût pensé atteint de la *malaria*, et se fût, sans doute, fort inquiété.

Cependant, n'ayant plus rien à visiter en ces pays d'*ex-dieux* et d'*ex-roses*, nous songeâmes à un prompt départ; d'autant que, deçà, delà, certains drôles, à moitié nus, paraissaient tout disposés à troquer nos habits contre ceux qu'ils n'avaient pas.

O Pestum, toi qui fus, jadis, du Sybarite,
    Dit-on, le lieu d'élection,
    Maintenant la fièvre t'habite
    Comme par prédilection.
    Ici les figures sont hâves,
    Les hommes ont le dos voûté,
    Le teint livide, les yeux caves :
    Tout annonce la pauvreté.
    Hélas ! où sont-elles ces roses,
    Dont l'un des plis faisait gémir
    Le Sybarite en vrai martyr,
    Le couvrant de ces ecchymoses

Qui l'empêchaient de s'endormir ?...
Je ne vois dans cette contrée
Que des visages souffreteux,
La fourbe est donc bien avérée,
On nous berce de contes bleus.
Jamais ce pays de cocagne
— Comme on se plaît à le nommer —
Ne fut digne que d'être un bagne,
Je puis hardiment l'affirmer.
Et ce qui me porte à le croire,
C'est que ses fiévreux habitants
— La chose me paraît notoire —
Ressemblent tous à des brigands.
Aussi, montons-nous en voiture,
Nous sauvant au triple galop,
De peur de méchante aventure
Si nous nous contentions de ne partir qu'au trot.

Le retour ne fut marqué d'aucune particularité. Arrivés tard à Salerne, nous réglons nos comptes avec l'hôtelier, donnons une poignée de main à l'Esculape, et allons nous coucher, attendu que nous pensons à repartir pour Naples dès le jour suivant, au lever du soleil.

Mes compagnons de voyage s'endorment l'esprit plein de temples et de Dieux ; moi, la tête remplie de l'ombre désolée de ce pauvre augure, auquel l'incorruptible autant que méticuleux saint Pierre refuse si obstinément une porte, que, cependant, il a ouverte à deux battants aux saints Crépin, Cucufin, Nicodème, et même, assure-t-on, à saint Ravaillac, en y attendant bientôt, sans aucun doute, leur vénérable compère en béatification, le très-illustre saint Veuillot.

La route de Salerne à Naples passe par les villes de La Cava et de Noccera ; c'est dans cette dernière que nous prendrons la voie ferrée. Rien n'est pittoresque comme la vallée que l'on y parcourt : verte d'innombrables peupliers aux formes élancées, blanche de gracieuses villas, accidentée de ruines de vieux châteaux, demeures de ces anciens barons féodaux, grands détrousseurs de passants, dont l'histoire du moyen âge trace un portrait si peu flatté, elle offre à l'œil un ravissant spectacle.

A notre arrivée à Naples, chacun fit ses préparatifs : mon fils et moi pour une prochaine ascension au Vésuve,

M. E. Maruéjouls pour gagner la Sicile. Nous ne pûmes nous séparer de ce charmant et digne jeune homme sans un véritable serrement de cœur. Il est impossible, en effet, de rencontrer dans un âge aussi peu avancé plus de savoir uni à plus de modestie.

A la veille de grimper au Vésuve, mon cher ami, les nouveaux Empédocles se recommandent à tes ferventes prières.

Vale.

XIX

Naples, juin 1857.

Nous sommes à Naples depuis déjà près d'un mois, et nous devons songer bientôt au départ. Cependant, comme venir dans cette capitale et ne point monter au Vésuve ce serait aller à Rome sans visiter le Colisée ou la basilique de Saint-Pierre, nous avons décidé cette fatigante et, parfois, périlleuse ascension.

Mais le volcan, depuis deux années, garde un mutisme désespérant : pas le moindre tremblement de terre, pas la plus petite flammèche au ciel n'annoncent que le géant se dispose à se mettre en guerre.

Entreprendre une semblable escalade pour contempler un cratère éteint eût été une sotte chose, quand, par une faveur tout à fait exceptionnelle, le jour même de notre retour de Salerne, d'épouvantables détonations, sans cesse renouvelées, nous font courir aux fenêtres et jeter, mon fils et moi, le même cri :

« Une éruption ! Une éruption ! »

En effet, on ne pouvait s'y tromper : une gigantesque colonne de feu, s'élevant dans les airs, semblait — suivant l'expression de Virgile — vouloir lécher les étoiles. Nous ne pensâmes seulement pas au sort de cet infortuné Pline l'Ancien, qui, en pareille occurrence, alla se faire étouffer par les cendres du volcan. Mais le grand naturaliste était asthmatique, à ce que rapporte son neveu, et cette circonstance nous donne un précieux avantage sur lui, possédant l'un et l'autre d'excellents poumons.

Nous dormîmes d'autant moins, que, de nos lits, l'on pouvait apercevoir cet immense panache de flamme dont la brillante lumière éclairait le golfe dans toute son étendue. Cela étant, tu penses bien que ma paresse native eut le bon esprit de se taire, et que j'étais debout une heure avant le jour. Nous partons par le chemin de fer de Castellamare, traversons Portici, qui est assis, comme Résina, sur les laves dont Herculanum est recouvert.

A Résina se trouvent des voitures, des mulets ou des ânes, pour vous transporter à l'Hermitage, où, d'ordinaire, on fait une halte, à deux kilomètres environ du pied du cône. Nous choisissons une voiture, sur les observations très-filiales d'Hector, car je suis atteint de certain lumbago, qui, depuis notre excursion à Capri, n'a cessé de me poursuivre, et que les mouvements saccadés de la gent quadrupède augmenteraient infailliblement, me mettant ainsi dans l'impossibilité d'achever ma rude étape. Pourtant, le dirai-je : sans cette cause déterminante j'eusse préféré l'âne, en raison de ce qu'il se recommande par une foule de souvenirs sacrés ou profanes. La Fontaine l'a chanté ; Buffon célébra ses louanges dans sa prose magistrale; Jésus l'enfourcha pour entrer à Jérusalem; il faisait la monture d'Abraham et de ses cinquante fils; enfin, celui de Balaam était orateur.

>Mais tu vas peut-être me dire,
>Cher ami, que cet orateur
>Des orateurs était le pire,
>Car son organe peu flatteur
>Sur l'oreille devait produire
>Certains effets qui pouvaient nuire
>A cet avocat trop brailleur.
>— Sans doute c'était un malheur. —
>Pourtant, une courte harangue
>Est un mérite au premier chef.
>Et si cet âne fut trop bref,
>Combien d'avocats dont la langue,
>Dans des plaidoyers assommants,
>— Gonflés d'éternels arguments
>Et de fiel plus que de bon sens —
>Endorment le juge au prétoire,
>Endorment jusqu'à l'auditoire,
>Et terminent ce long grimoire

En ruinant leur sot client,
Qui finit par se pendre, et se pend en bâillant.
Tandis que notre âne modèle,
Que ce baudet si peu parlant,
Laissant Balaam sur sa selle
Ruminer dedans sa cervelle
Le vrai sens de la kyrielle,
Sut se taire modestement.

La route conduisant de Résina à l'Hermitage forme de continuels lacets, grâce auxquels la montée, très-carrossable d'ailleurs, est fort adoucie, ce qui donne l'occasion de contempler Naples et ses environs sous tous leurs aspects. Je doute qu'il existe au monde un panorama plus admirablement féerique. Naples, si éblouissante de blancheur, semblable à une ville d'albâtre, assise comme une déesse, mollement appuyée sur son golfe, apparaît couronnée de ces milliers d'arbustes odoriférants qui naissent sous ce ciel aux tièdes haleines, et embaument les airs rafraîchis par les flots si bleus de la Méditerranée.

Un peu sur la droite, et dans l'éloignement, les

Abruzzes viennent assombrir un si riant paysage de leurs rochers noirâtres, asile de fantastiques, quoique fort réels, brigands; ces Abruzzes qui virent périr misérablement ce héros non moins fantastique, nommé Joachim Murat! Sur la gauche, voici Castellamare, où mourut Pline le naturaliste, victime de son amour pour la science; Sorrente, puis Caprée. Si, enfin, nous retournant, nous levons la tête, c'est le Vésuve, destructeur de tant de cités, et qui se préparait, alors, — à en croire mes oreilles aussi bien que mes yeux — à commettre de nouveaux ravages.

Je ne te parlerai qu'en revenant de l'Hermitage et de l'espèce de moine auquel il sert d'habitation. Nous y laissons notre voiture, et gagnons le pied de la montagne au travers d'un océan de lave surchargé de scories, espèce d'écume concrète que l'on confond mal à propos avec la lave elle-même. Comment rendre la tristesse presque superstitieuse qui vient vous saisir au milieu de ces solitudes sans nulle végétation sous leur manteau noir et lugubre? On dirait une mer en furie dont les innombrables vagues ont été subitement pétrifiées et carbonisées par la baguette d'un magicien.

En ces lieux désolés, qu'on croirait le théâtre
Du combat des Titans contre le roi des Dieux,
Le désert régne seul. Cette terre marâtre
Semble prendre plaisir à contrister les yeux.
Pas le moindre arbrisseau, pas la moindre verdure ;
Et l'on dirait que Dieu, pour punir les humains,
Y refit le cahos, en deuil de la nature,
Voulant mettre à néant l'ouvrage de ses mains.

Pendant le trajet nous entendions d'incessantes détonations, au bruit desquelles mon fils se pâmait d'aise, car elles semblaient annoncer que notre volcan serait superbe de furie. Quant à moi, je cherchais à m'expliquer les causes de ce phénomène, et me disais, avec une presque poétique ardeur :

Serait-ce un nouvel Encelade,
Que le rancuneux Jupiter,
Pour quelque nouvelle escapade,
A fourré dans ce trou d'enfer,
Et qui, bouillant dans le Vésuve,
Fait de gigantesques efforts

Pour s'échapper de son étuve
Et prendre un peu l'air au dehors ?
Serait-ce Vulcain qui martèle,
Forgeant, vers ces lieux réprouvés.
Quelqu'engin d'espèce nouvelle
Pour châtier son infidèle
De la chose que vous savez ?

Enfin, par une chaleur tropicale, les habits bas, un bâton à la main, nous arrivons à la base du cône. La pente est escarpée à cinquante degrés d'inclinaison ; j'ai soixante-sept ans sur les épaules et mon éternel lumbago dans l'échine : comment, avec un semblable cortége, espérer de gravir ces laves cyclopéennes ? Néanmoins, je me dis :

« En chaque chose il doit être un moyen,
« Qu'il faut trouver, de tout conduire à bien.
« Réfléchissons, en ce besoin extrême,
« Pour découvrir l'X cherché du problème.
« Il s'agit donc de grimper sur le dos
« De ce géant, sans se rompre les os.

« Et, pour ce faire, affrontant l'escalade,
« De nous garer de la dégringolade,
« Car les rochers, qu'en ses emportements
« Ce mont vomit par énormes fragments,
« Pourraient très-fort, je n'en fais aucun doute,
« Se dérober sous nos pieds dans la route.
« Or, n'ayant pas des ailes aux talons
« Comme Mercure, alors gare aux plongeons ! »

Le temps pressait, l'X était introuvable ;
Hector et moi nous nous donnions au diable,
Quand tout à coup se montrent à nos yeux
Quatre gaillards sous un roc sourcilleux,
Dont la tournure un peu bien équivoque
Me suggéra ce prudent soliloque :
« Aurais-je, hélas ! quitté notre cher Dauphiné
« Pour, ici, comme un niais, périr assassiné ? »
Car, il faut l'avouer, ces figures féroces
Paraissaient annoncer quelques desseins atroces.
D'ailleurs, nous étions seuls, et nos quatre coquins
Pouvaient nous assommer tout comme deux lapins.
M'armant donc aussitôt de certain casse-tête
Qui ne me quitte point, bravement je m'apprête
A défendre nos jours ; lorsque je vois Hector

Dans un rire bruyant qui se pâme et se tord.
« Quittez, quittez, dit-il, cette arme sanguinaire ;
« Voici votre X trouvé ; rassurez-vous, mon père.
« Vous reverrez encor le pays dauphinois,
« Votre cœur patriote y battra dans deux mois.
« Ces quatre bonnes gens, à traits si peu placides,
« Sont des ascensions les ordinaires guides,
« Qui, pour quelques écus que vous leur donnerez,
« Nous rendront sains et saufs vers ces lieux ensoufrés. »

  J'eus grand peine, je te le jure,
  En cette grotesque aventure,
  A dissimuler la rougeur
  Dont s'orna ma pâle figure
  Quand je compris ma sotte erreur.
Je l'avoûrai : la crainte misérable
— Tant notre esprit est chose inexplicable —
Que, sans motif, alors, je ressentis,
Et laissais voir à nu devant mon fils,
Me pesait plus que si nos quatre guides
M'eussent frappé de leurs mains homicides.

Cette pénible confession de ma fausse et ridicule honte faite, commençons notre montée aérienne. La façon dont elle s'exécute n'est pas moins singulière que scabreuse. Pour vous hisser dans ces régions éthérées, l'un des guides vous tend une courroie que vous saisissez vous-même, et au moyen de laquelle il vous tire en avant, tandis que son collègue, placé par derrière, vous pousse furieusement, la main appuyée sur cette partie du corps située tout au bas des reins.

Il est impossible de te faire comprendre, mon cher ami, les difficultés de la route parcourue à travers ces milliers d'énormes blocs volcaniques, aux aspérités aiguës, croulant sous nos pas. Il est moins aisé, peut-être encore, de décrire les prodigieux efforts de nos *sauveteurs*, car c'est bien décidément la dénomination qui leur appartient. Le cauchemar d'un rêve pourrait seul inventer quelque chose d'aussi fantastique que notre position dans cette escalade.

Ce n'était point, ici, comme au Forum romain,
Lorsque les deux Simon — dont l'un magicien —
Se défiaient l'un l'autre à grimper dans l'espace
Par des tours d'acrobate ou même de paillasse.

Pour nous il en allait, certes, tout autrement:
Si nous tombions, c'était presque du firmament,
Et tes pauvres cousins, dans l'affreuse culbute
Ne s'étant point pourvus du moindre parachute,
Ne seraient revenus en leur triste logis
Qu'en forme de compote ou plutôt de hachis.

Aussi, avant d'aller plus loin, jugeâmes-nous prudent de nous reconforter, nous et nos guides, d'un verre de vin du cru (qui n'est autre que le *Lacryma-Christi*) pour raffermir nos courages ébranlés; et, après une lutte tout aussi désespérée de la part des *hisseurs* que de celle des *hissés*, nous arrivâmes en face du terrible ravageur de villes. A l'instant, toutes les fatigues sont oubliées; nous marchons fièrement, pareils à des vainqueurs, sur la poitrine du monstre, non sans avoir grande attention de ne point poser le pied dans l'un des mille petits soupiraux par lesquels il laisse échapper sa brûlante respiration, car il est à présumer que nos bottes y resteraient en compagnie de nos tibias. Mais tout ceci est seulement le préliminaire, et, pour ainsi parler, la mise en scène. Nous courons au cratère.

A nos yeux éblouis quel spectacle sublime!
Sur nos fronts le soleil, et sous nos pieds l'abîme!
Le soleil, qui répand le flot de ses rayons,
Inonde de ses feux tout ce que nous voyons;
L'abîme, où nos regards à peine osent descendre
Dans un amas confus de laves et de cendre.
De ses immenses flancs l'immense profondeur
Pénètre nos esprits d'une secrète horreur.
On se croirait aux lieux où les anges rebelles,
Contempteurs du Très-Haut, aux flammes éternelles
Se virent condamnés; et tous ces bruits stridents
Semblent de ces damnés les grincements de dents.
Je sens que sur mon front mes cheveux se hérissent,
Et mes genoux tremblants sous moi-même fléchissent!

Qu'on se représente un bassin de deux à trois kilomètres de circonférence sur une centaine de pieds de profondeur, dont les parois sont revêtues des plus éclatantes couleurs du prisme solaire : le jaune, le vert, le blanc, le bleu, le rouge, se disputent la primauté, étendus sur le fond noir de ce vaste drap mortuaire. Tout au milieu de cette immense excavation est un cône colossal, d'où s'élève, à de prodigieuses hauteurs, parmi des tourbillons de flammes, de fumée et de scories incandescentes, une grêle de pierres rougies. Ces pierres, pour la plupart d'un poids de plusieurs kilogrammes, venaient tomber seulement à quelque distance de nous. Je songeais déjà à m'éloigner, mais nos guides m'affirmèrent qu'ils connaissaient depuis trop longtemps les habitudes de ce volcan pour ne pas être certains que les projectiles ne sauraient dépasser la limite qui nous en sépare.

Pourtant, ne voulant point, de retour au manoir, être confondu avec tant d'autres voyageurs qui ne tarissent pas sur les choses merveilleuses qu'ils prétendent avoir vues dans des pays où jamais ils ne mirent les pieds, j'étais donc fort désireux de rapporter de notre visite au Vésuve quelques souvenirs *de visu*. Pour satisfaire à ce caprice, l'un de nos guides consentit, moyennant quelques *carlins*, à risquer tout auprès du gouffre sa peau napolitaine. Nous pûmes, de la sorte, obtenir des fragments de scories en ignition, dans la pâte desquelles nous incrustâmes diverses pièces de monnaie. Mon fils s'était, au départ, et fort sagement, muni de quelques œufs frais: nous les fîmes cuire dans la cendre chaude, et les dégustâmes avec une sensualité sans pareille. tout en en conservant plusieurs comme de véridiques témoins pouvant attester la réalité de notre excursion.

Lucullus et Vitellius,
Et tant d'autres gourmands en *us*,
Qui, dans leur luxe insatiable,
Faisaient apporter sur leur table
Jusqu'aux truites du Volga,
Cuites au vin de Malaga,
Et qui pour leur panse romaine
Dépeuplaient la rive africaine,
La Gaule, l'Inde, l'Hellespont
De gibier, de fruits, de poisson,
N'eurent jamais, à leur époque,
Pour cuire leurs œufs à la coque,
Dans leur culinaire arsenal,
De vase plus original
Que le nôtre, et, surtout, aussi phénoménal.

Cependant, quoique le cratère nous grille la face de ses torrides vapeurs, comme un vent glacial gèle nos épaules, nous quittons, sans retard, bien qu'à regret, l'hôte dont la *chaleureuse* réception nous avait offert un de ces spectacles à la fois si pittoresques et si majestueux, qu'on ne les oublie jamais.

Nous ne suivons pas, au retour, la même voie que pour la montée : la descente a lieu dans des cendres où nous enfonçons jusqu'aux genoux. Aussi, la fîmes-nous au galop, sans nulle crainte de chutes, et nous arrivâmes à l'Hermitage en une heure à peine. Là, nous prîmes un léger repas, bûmes un flacon d'un vin détestable, que, néanmoins, nous trouvâmes délicieux, grâce à nos travaux d'Hercule, et dîmes adieu à l'hermite, qui voulut nous conduire à sa chapelle, où il nous offrit sa gracieuse bénédiction en échange, vraisemblablement, de l'écot que nous venions de lui payer sans marchander.

> Le bon moine de cette église
> Exerce, ici, plus d'un métier :
> Mi-prêtre et mi-cabaretier,
> Le matin, son vin il baptise,
> Et, le soir, les petits enfants.

Il sait tourner une omelette,
Il sait confesser les croyants;
On prétend même qu'en cachette,
Lorsque la nuit devient sombrette,
Pour aller voir dans sa chambrette
Certaine Ursule assez proprette,
Parfois il prend la clé des champs.

Cependant, à l'aspect poussiéreux de cette chapelle délabrée et de ses murailles crevassées je me pris à penser que la moitié hôtelière de notre amphitryon ne faisait que bien maigre part, dans les bénéfices du commerce, à la moitié ecclésiastique. Mais, au moment de sortir, et tout au fond de l'église, à demi cachée par l'ombre d'une colonne, nous apercevons une jeune fille agenouillée, dont le frais minois, l'air mutin, et pourtant l'attitude recueillie, piquèrent très-fort ma curiosité.

Était-ce une fille pieuse,
A la figure radieuse,
Qui, levant ses regards au ciel,
Semblait, dans une extase heureuse,

Chercher quelqu'ange Gabriel?
Ses doigts croisés pour la prière,
L'œil humide sous sa paupière,
Révélaient un cœur tout en Dieu,
Détaché des soins de la terre,
Venant assister au mystère
Qui s'accomplit dans le saint lieu.

Mais, hélas! près de la Madone
Je vois un brillant officier,
Et notre charmante friponne
A l'enfant chéri de Bellone
Lancer un regard meurtrier.

A qui désormais se fier?
Car bientôt, en effet, notre couple s'échappe,
Et pour quelqu'amoureuse agape
Dans le bosquet voisin va se réfugier!

A cinq heures nous étions à Naples, où nous ne tardâmes pas à gagner notre gîte pour y retrouver nos lits. Toutefois, je ne pus m'endormir sans me remémorer les impressions émouvantes de cette journée si bien remplie; non, surtout, sans rester passablement intrigué de savoir si la jeune pécheresse de la chapelle ne serait pas, par hasard, cette même Ursule, qui, lasse de son frocard, se dédommageait ainsi dans la compagnie de ce héros victorieux.

Les voyageurs vont affronter de nouveau la mer pour gagner Florence en traversant Livourne et Pise.

VALE.

XX

Florence, juin 1857.

Le surlendemain de notre ascension au Vésuve nous reprîmes le paquebot et cinglâmes vers Livourne.

Nous voguions, depuis plusieurs heures, sur une mer fort calme, par un temps serein, lorsqu'une bourrasque imprévue occasionna quelques avaries à notre bâtiment, et vint réveiller chez moi ce terrible mal de mer, un moment appaisé, qui me gratifia d'une colique néphrétique à donner de la jalousie à un saint du Martyrologe. Ce fut encore tout endolori par ces souffrances atroces que j'écrivis la boutade suivante. Je te l'envoie, malgré son âpreté un peu vive que t'expliquera l'état d'irritation nerveuse sous l'impression de laquelle je me trouvais.

Au Diable, mille fois, ce voyage maudit !
Car lui seul, je le crois, me le mit en l'esprit ;
Lui seul, de ma raison éteignant la lumière,
Put me fermer les yeux de si sotte manière,
Et me dissimuler les contrariétés
Qui devaient m'assaillir, hélas ! de tous côtés.
Et d'abord, l'ignorance où je suis de la langue,
Qui fait qu'à chaque pas la nouvelle harangue
Que j'adresse aux passants pour trouver mon chemin
Me donne l'air d'un fou, si ce n'est d'un crétin ;
Que j'ai couru souvent tout le tour de la ville
Sans pouvoir retrouver mon introuvable asile.
Puis, ce mal dont la mer, en ses ballottements,
Vient assaillir le cœur et troubler tous les sens,
Le comptez-vous pour rien ? Mais c'est une agonie
Qui, mille fois le jour, fait détester la vie ;

Et, si j'étais méchant, je le souhaiterais
A celui qui rira des plaintes que je fais !

D'autre part, votre bourse, à la fin, est usée,
Tant il faut la tirer de fois dans un musée.
Ici, c'est un custode, un moine, un gardien,
Que sais-je ! qui, parfois, ne vous a montré rien,
Qu'une vieille antiquaille, où le savant candide
Aura cru découvrir la tête d'Euripide,
Et qui ne fut peut-être, en y regardant bien,
Que le chef mutilé de quelqu'affreux vaurien !
Devais-je aussi compter, sous ce ciel d'Italie,
Que pendant deux grands mois je recevrais la pluie ;
Qu'au sommet du Vésuve, arrivant haletant,
Je risquerais vingt fois d'être enterré vivant
Dans mille cavités, qui, sans cesse, renaissent
Sous vos pieds incertains, auxquels elles ne laissent
Qu'un passage peu sûr, dont le moindre faux pas
Vous conduirait aux lieux d'où l'on ne revient pas ?
Que, pour comble de maux, une cuisine horrible
Tirerait sur mes jours comme sur une cible ;
Et que mon estomac ne se verrait nourri,
Pendant près de cent jours, que de macaroni ?

Vous allez me traiter d'esprit atrabilaire,

Sans jugement, sans goût, enfin d'homme vulgaire :
Prenez-en à votre aise, et dites-moi tout net,
Si le mot vous convient, que je suis un benêt;
J'y tiens peu. Mais, morbleu ! si je retourne à Rome
Pour y voir des coquins, que, pourtant, on renomme;
A Naples, où partout, sans se boucher le nez,
On ne peut faire un pas ; où les voleurs sont nés
Pour donner des loisirs à l'homme de police,
Qui de tous ces forbans est un adroit complice,
Je veux être pendu ! Quant au macaroni,
Je jure par le Styx d'être son ennemi.
Et le nom et le mets m'ont poursuivi sans cesse.
Le roi, le mendiant, l'ouvrier, la duchesse,
Disent : « Macaroni ! » dès le premier instant
Qu'ils reçoivent le jour, peut-être même avant.
C'est le fond de la langue, et comme sa préface.
De tous les autres mets avec lui l'on se passe;
En sorte que si Dieu manquait de l'octroyer,
Chacun croirait se voir au jugement dernier.

  Quand l'âge a blanchi votre tête,
  Que vos pas tremblants, incertains,
  Semblent dire : « Vieillard, arrête ! »
  Pourquoi donc aux pays lointains
  Braver sur la vague inconstante.

Ou sur la roche menaçante,
Une mort déjà pas si lente?
Puis, après de longs jours de fatigue, d'ennui,
Comme un vieux chien fouetté sans relâche, honni,
Regagner son château, sa maison, sa chaumière ;
Car qu'importe le nom que l'on donne à son nid :
C'est toujours la patrie, et la patrie est chère !

Et malgré tant de maux divers,
Me voici de nouveau sur l'onde,
Exerçant toute ma faconde
A l'exécrer en mauvais vers.
La colique déjà me sonde,
Tout me semble de par le monde
Tourner, et, dans l'affreuse ronde,
Mon estomac est à l'envers.
Ulysse soupirait sans cesse,
Dit-on, auprès de Calypso ;
Mais je suis sûr que sa tristesse,
Venait, au sein de sa détresse,
Moins d'abandonner la déesse
Que de reprendre son bateau.

Tous nos compagnons de voyage
Sont dans le même état que moi.

La crinoline à triple étage,
Le modeste burnous, subissant même loi,
Réunis sous le poids de souffrances communes,
Frappés des mêmes maux, buvant du même thé,
Cessent de se garder d'orgueilleuses rancunes,
Et le vaisseau devient, grâce à tant d'infortunes,
Le temple de l'égalité !

Dès longtemps on l'a dit : la fortune nous change ;
Selon que sa roue a tourné,
Alexandre, vainqueur du Gange,
N'est plus qu'un soudard aviné.
Le mal sait dompter un despote
Fier du pouvoir qu'il usurpa,
Comme il sait dégonfler la cotte
Que la vanité ballonna !

Cependant, mon cher ami, ne va pas croire, à la lecture de toutes ces imprécations, que nous renoncions lâchement à continuer notre voyage, même au hasard de nouvelles vicissitudes : loin de là ; et nous poursuivrons jusqu'au bout l'itinéraire projeté.

Livourne est une ville très-commerçante ; elle a de

larges rues, de vastes places; mais le séjour doit en être fort monotone pour ceux qui n'y sont point retenus par leurs affaires. Nous partons donc sans retard pour Pise; et il fallait, je te l'assure, tout notre désir d'y arriver, pour ne pas prendre quelque repos après une traversée aussi horriblement fatigante, particulièrement pour un homme de mon âge. C'est une grosse, bien grosse affaire que la vieillesse !

>
> Ah ! pourquoi les fleurs du bel âge
> Se fanent-elles donc si tôt ?
> Le ciel n'avait pas de nuage,
> L'amour était un doux ramage,
> C'était le bonheur, en un mot.
> Oui, le bonheur sans nul partage
> Mais qui s'enfuit à peine éclos !
> Ah ! revenez, jeunes années,
> Revenez, heures fortunées,
> Accompagnez les matelots
> Jusques à la fin du voyage;
> Et, lorsqu'ils quitteront, sur le soir, le rivage,
> Insoucieusement balancés sur les flots,
> Qu'ils ignorent l'instant de leur dernier naufrage !

La culture la plus avancée, la végétation la plus riche, révèlent de suite que la Toscane, quoique pressée de tous côtés par des gouvernements draconiens, vit sous un prince un peu moins despote.

Arrivés à Pise, nous descendons à l'hôtel de la Minerve, chez un Français. N'ayant que quelques heures pour visiter la ville, je crus devoir prendre langue auprès de ce compatriote. Entre autres choses assez curieuses, il m'apprit que cette cité, dont la population est à peine de vingt-deux mille habitants, possédait, ou plutôt était possédée par un archevêque, un évêque et huit cent quarante prêtres de toutes couleurs et de tous noms. Comme je me récriais, disant la chose impossible, mon cicerone m'expliqua que les ecclésiastiques de la contrée se donnent, en général, et réciproquement, leur fortune par dispositions testamentaires. Or les biens étant de *mainmorte* ont fini par acquérir une valeur incalculable, ce qui engendre et entretient une perpétuelle éclosion de cette si singulière quantité de mouches parasites. Et ces huit cent quarante pieux fainéants peuvent, s'il leur convient, faire des dettes à volonté, sans courir le moindre risque d'expropriation.

Ils usent, assurait-il, assez libéralement de cette facilité.

>Triste pays, en proie à ce calcul sauvage,
>> Où tant d'hommes manquent de pain,
> Où cauteleusement cet inique partage
>> Vient engraisser le Publicain.
> Reprends, Jésus, reprends ton fouet et ta colère ;
>> Chasse les nouveaux exacteurs,
> Et qu'ils ne souillent plus la maison de prière
>> Ces marchands et ces revendeurs !
> Mais je vois au lointain le ciel qui devient sombre,
>> Des orages voici le choc :
> Qu'ils disparaissent tous, comme ferait une ombre,
>> Ces âpres soldats de Moloch !

En attendant ce jour de réparation et de divine justice, allons visiter les quatre monuments qui attirent dans ce pays les artistes et les curieux du monde entier, à savoir : la *Cathédrale*, le *Baptistère*, la *Tour penchée* et le *Campo Santo*, tous les quatre, spectacle unique au monde, réunis sur une même place, dite la place du *Dôme*.

Le *Campo Santo* fut, pendant une longue suite de siècles, un lieu de sépulture réservé à ceux qui avaient bien mérité de la patrie. Les Pisans allèrent même plus loin, et y transportèrent une grande quantité de terre enlevée à Jérusalem pour donner un dernier asile plus honorable à leurs grands morts.

Ah ! n'allez point d'un sourire incrédule
    Flétrir, ici, ce beau trait des Pisans :
Rien n'est petit, vulgaire ou ridicule
    De ce qui part de cœurs reconnaissants.
Honneur au peuple en qui cette mémoire
Se conserva pure envers les héros,
Lui-même, aussi, revivra dans l'histoire
    Sur le marbre de ces tombeaux !
    La nature humaine est ingrate :
    — Les âges l'ont certifié —
    Athènes fait mourir Socrate,
    Le Christ même est crucifié !
    C'est à dégoûter de la gloire.
    Honneur donc, honneur aux Pisans,
      A ce champ rémunératoire
    Où dorment leurs nobles enfants !

Faut-il l'avouer : les fresques célèbres d'Orcagna, qui décorent les galeries du *Campo Santo*, me trouvèrent assez froid, à raison, sans doute, de mon peu de connaissance dans l'art de la peinture, peut-être bien, aussi, parce que je me souvenais trop de celles de Michel-Ange et de Raphaël, que j'avais vues à Rome, et qui ne souffrent de comparaison avec nulles autres. Je dois rappeler, du reste, que ces fresques, toutes des XIIIe et XIVe siècles, ont marqué la date la plus éloignée de la renaissance des arts en Italie, et durent se ressentir encore de cette sorte de bégaiement qui accompagne toujours la première enfance.

Je dirai seulement quelques mots de la cathédrale ou *Dôme*, non point que le sujet fasse défaut, mais nous avons bien peu de temps à lui consacrer dans notre rapide revue. Le *Dôme* de Pise est un monument considérable en architecture : construit en 1063, il fut le point de départ de ce qu'on est convenu de nommer le style de la Renaissance. L'édifice, entièrement revêtu de marbres alternativement noirs et blancs, — comme, d'ailleurs, la *Tour penchée* et le *Baptistère* — possède, à l'intérieur et à l'extérieur, le plus grand nombre de colonnes ou plutôt de colonnettes que j'aie vues de ma vie. Ces colonnettes, superposées par étages, à diverses hauteurs, servent d'ornement aux charmantes galeries qui entourent l'église. A l'intérieur, et pour relier ces galeries entre elles, on a pratiqué, tout au milieu de la croix latine, un délicieux petit escalier, découpé ainsi que de la dentelle ; on le dirait suspendu dans les airs.

Du pays des sultans les contes fabuleux,
Voire les lampes merveilleuses,
N'ont rien de plus miraculeux
Que ce que l'on voit en ces lieux
De dentelures gracieuses,
Qui, dans de suaves contours,
Pleins de tant de délicatesse,
Semblent rappeler les beaux jours
Des grands artistes de la Grèce.

En face du Dôme s'élève le Baptistère, orné, lui-même, de ces innombrables colonnettes qui font l'une des principales beautés de la cathédrale, sa voisine. En y pénétrant, le custode pousse un long cri, dont le motif

se devine lorsqu'on entend l'écho répéter ce cri trente
à quarante fois. Au tour des fonts baptismaux nous
admirons des rosaces antiques en marbre de Paros.
D'ailleurs, toutes les sculptures de ce monument sont
si riches qu'on les dirait sorties des mains de quelque
fée.

Quant à la Tour penchée, c'est une merveille d'un
autre genre. Personne n'ignore que, du sommet de cette
tour, Galilée fit les expériences qui lui révélèrent les lois
de la pesanteur ; de même, les oscillations de la lampe
de bronze, suspendue dans la nef du Dôme, furent l'origine de sa découverte de la théorie du pendule.

Ce *Campanile*, de forme cylindrique, sur cent quarante-trois pieds de hauteur, surplombe de douze. Il a
sept étages, tous séparés les uns des autres par une immense quantité de ces colonnes en miniature que nous
venions d'admirer chez les deux vénérables contemporains de cet original autant que charmant clocher.
On s'est souvent demandé si l'inclinaison, qui est une
des singularités si remarquables de cette tour, avait
été ménagée à dessein, ou si, au contraire, elle n'est

qu'accidentelle, et provient de quelque tremblement de terre. Mais rien de bien décisif n'a encore été dit sur cette question, malgré, ou plutôt peut-être à cause des volumineuses dissertations publiées à ce sujet.

> L'esprit de l'homme est ainsi fait :
> S'il ne comprend pas une chose
> Il la tourne comme il lui plaît,
> Il la creuse, il la décompose,
> L'embrouille si fort, qu'à la fin
> Elle est si bien élucidée,
> Que personne n'y comprend rien !
> Mais quelqu'autre reprend l'idée :
> De Babel, alors, c'est la tour.
> De toutes parts les commentaires
> Pleuvent, et chacun, tour à tour,
> Note, cite ; jusqu'aux glossaires
> Sont mis à contribution.
> On se menace, on s'injurie,
> On laisse là la question,
> Dont personne ne se soucie.
> Le piquant de la comédie
> Sera que tout est obscurci,

Et que le mot de ce grimoire
Demeure au fond de l'écritoire.

Nous nous hâtons : le soir approche, et Florence est encore éloignée ; Florence, que l'on a surnommée avec raison la moderne Athènes, et qui, à vrai dire, peut être considérée comme le foyer artistique de l'Italie. Pour y arriver, on parcourt, sans presque quitter les rives de l'Arno, les contrées les plus ravissantes et les mieux cultivées qui se puissent voir ; car la Toscane, dans cette partie de son territoire, est un pays tout à fait favorisé. C'est l'Égypte et sa végétation, ou, mieux encore, c'est le Paradis terrestre avec sa quiétude, ses limpides ruisseaux et son vert feuillage.

Pourtant, quoi que l'on en dise
De ce benoît Paradis
Perdu par la gourmandise
D'une femme sans chemise,
Mais trop maîtresse au logis,
Je me suis mis dans la tête
Que tout ceci fut heureux :
Jamais ce n'eût été fête

En ces solitaires lieux ;
De ce bonheur monotone
A flots on eût bu l'ennui,
Et bâillé, Dieu me pardonne,
Du matin jusqu'à la nuit.
Quand la vie est épicée
D'un peu de mal et de bien,
Cela donne à la pensée
Du ressort et de l'entrain.
Vive, donc, notre mère Ève,
Et, surtout, ce bon serpent
Auquel une femme rêve,
Dit-on, douze mois de l'an !

De nombreux villages, placés à la gauche et à la droite du chemin, offrent un aspect particulièrement pittoresque. On nous montre, entre autres, un bourg du nom de *San Miniato*, qui se glorifie d'avoir été le berceau des familles illustres d'où sont sortis saint Charles Borromée et Napoléon.

Borromée et Napoléon
Partent tous deux de ce village :

L'Empereur pour le Panthéon,
Le Saint pour ce séjour du sage,
Le Paradis, lieu si lointain
Qu'en ayant trouvé le chemin
Plus d'un même au port fit naufrage.
Les malins — il en est partout —
Disent que dans cette contrée
Chacun se croit, par contre-coup,
De l'une ou de l'autre lignée.

À dix heures du soir nous étions à Florence, et nous nous casâmes assez convenablement à l'hôtel de *New-York*, sur le quai de l'Arno. La vue y était fort belle, prétendait notre hôtelier, mais force fut, pour le moment, de m'en rapporter à ses hyperboliques louanges, la nuit étant si obscure que je fis de vains efforts pour y voir à plus d'un millimètre du bout de mon nez.

Vale.

XXI

Florence, 30 juin 1857.

Enfin, nous voici dans la capitale de la Toscane.

Il n'est pas besoin de te dire, à toi qui l'as habitée, que, loin de dormir la grasse matinée comme les chanoines du Lutrin, chaque jour nous voit de bon matin sur pied pour courir les rues et les églises jusqu'à l'heure de l'ouverture des musées, et que, lorsqu'on nous en chasse, à celle où on les ferme, nous recommençons le même exercice.

L'aspect général de la cité florentine est triste : tout y rappelle les guerres intestines qui la désolèrent durant tant de siècles ; la couleur noirâtre de ses énormes palais ne contribue guère à les égayer. Ces constructions sont de puissantes citadelles, et les maisons particulières elles-mêmes, avec leurs barreaux de fer et leurs portes de chêne, disent assez que, du haut en bas de l'échelle sociale, tous prenaient parti dans les dissensions de la République.

Florence fut toujours une cité guerrière,
Cultivant les beaux-arts au milieu des combats,
Et sachant, à la fois, porter haut sa bannière,
Se faire redouter des plus grands potentats,
Protéger la science. Aussi, dans cette ville
Labourée, à l'envi, par la guerre civile,
Les palais sont construits avec d'énormes blocs
Pour pouvoir résister aux plus terribles chocs,
Et recèlent encor ces œuvres du génie,
Éternelle splendeur de l'heureuse Étrurie.

Perpétuel mélange et de mal et de bien,
L'esprit de liberté, l'esprit prétorien,
Tour à tour est vainqueur, sans que, dans la mêlée,
La protection due aux arts soit ébranlée.
On a vu les partis Guelfes et Gibelins,
Tantôt assassinés et tantôt assassins,
S'entr'égorger cent fois; mais, après la victoire,
Noble rivalité, mettre chacun leur gloire
A combler de bienfaits les artistes fameux
Qui, naguère ennemis, combattirent contre eux!

Qu'aujourd'hui, cependant, les choses sont changées!
Florence a bien encore ses palais, ses musées,
On y goûte la paix dans un calme absolu,
Mais le génie est mort, enterré, disparu.
La volonté d'en-haut est-elle donc de sorte
Que quand un mal s'en va, par cette même porte
Disparaisse le bien? Je n'ose décider,
Et laisse ce *pourquoi* sans mieux l'élucider.

On ne retrouve point ici cette fougue, cette agilité, qui font ressembler le peuple de Naples à une nation de fous ou de saltimbanques: le Florentin marche posément, carrément, comme la forme massive et alourdie de son architecture civile.

En remontant la rive droite de l'Arno, nous gagnons le musée des *Uffizi*. Pour y arriver il faut traverser une sorte de square rectangulaire, décoré, dans sa longueur et sur les deux côtés, de portiques à l'extérieur desquels sont placées les statues de Toscans illustres. Ils semblent se tenir là, au seuil de ces galeries artistiques, pour rappeler aux visiteurs que c'est leur génie qui fit cette cité florissante et la merveilleuse initiatrice de la renaissance des arts et des lettres.

Voici **Cosme** et **Laurent** de Médicis, chefs de cette famille qui donna son nom au XVe siècle, deux papes à l'Église, deux reines à la France, de grands citoyens, et, parfois aussi, des tyrans à la patrie.

O vous, qui des beaux-arts et protecteurs et pères,
Sûtes, même au milieu des plus fatales guerres,
De disputes sans fin, d'absurdes ergoteurs,
Faire fleurir encor par vos nobles labeurs,

Comme au sein de la paix, les palmes du commerce,

Qu'êtes-vous devenus ? Un petit Duc s'exerce,

Sur votre trône assis, dans son étroit cerveau,

A trancher du monarque, et n'est qu'un hobereau.

Mais, avant de prétendre à si haute volée,

O Duc, il te faudrait jeter dans la mêlée,

Donner un glorieux exemple à l'univers,

Affranchir ton pays, non lui river des fers ;

Et, prenant Manlius pour drapeau, pour symbole,

Renverser les Gaulois du haut du Capitole,

Appeler l'Italie à seconder ton bras,

Pousser le cri de guerre ! Alors, oui, tu pourras,

Tel que Cosme et Laurent, tout couvert de ta gloire,

Tes lauriers sur le front, survivre dans l'histoire.

Jusque-là, mon roi d'Ivetot,

Voici ce que je te conseille :

Couche-toi tard, lève-toi tôt...

N'est pas héros qui trop sommeille.

Béranger, — que tu n'as pas lu —

Si c'était toi qu'il eût voulu

Régenter, eût changé de glose.

Veux-tu devenir quelque chose ?

A ta taille prends tes habits,

Sans quoi — la phrase est un peu dure —
Sous la pourpre des Médicis
Tu seras leur caricature.

Si l'épée est un instrument
Trop pesant pour ton bras débile,
Eh bien ! mets-toi modestement
A faire balayer ta ville.
Caton à Rome fut édile ;
Et ce serait un beau fleuron
Pour ta couronne en miniature
Que de ressembler à Caton,
Ne fût-ce, comme ici, que par la balayure.
Car, de nos jours, l'on voit les gens de ce pays,
Certe à bon droit si fiers de leur noble Florence,
Patauger dans la boue, au milieu d'un gâchis
Qui fait bien peu d'honneur à ta surintendance.

Plus loin, et toujours dans le même square, la peinture, l'architecture, la statuaire et la ciselure sont représentées par Giotto, Léonard de Vinci, Michel-Ange, Donatello et Benvenuto Cellini ; les lettres par Boccace, Arétin, Pétrarque et le sinistre Machiavel ; la navigation par Améric Vespuce, qui eut la fortune, sinon la gloire, de donner son nom au monde découvert par Colomb, et de s'attribuer, ainsi, subrepticement, une véritable immortalité. — *Sic vos non vobis!*.... — Enfin, voici Galilée, célèbre *découvreur*, comme Colomb, et comme lui persécuté. Sa figure, tout à la fois douce, triste et réfléchie, dit assez les tortures de sa grande âme quand, plongé vingt-deux ans dans les cachots de l'Inquisition romaine par l'ignorance impie de quelques prêtres fanatiques, il subit ce douloureux martyre de renier, sous la foi du serment, jusqu'à son propre génie!

Les deux galeries parallèles des *Uffizi* sont immenses, et c'est là que se trouve la petite salle octogone, connue du monde entier sous le nom de *la Tribune de Florence*. Cette salle — et c'est là peut-être un sérieux reproche à lui faire — est, à la lettre, encombrée des admirables chefs-d'œuvre de la statuaire antique et de la peinture moderne, dont l'accumulation sur un aussi étroit espace nuit au recueillement dans lequel on aurait besoin de pouvoir s'isoler à loisir pour n'y point être distrait dans sa contemplation. A Rome, la *Pinacothèque* du Vatican, ses cabinets du *Laocoon*, de l'*Apollon du*

Belvédère, du *Torse*, ainsi que ceux du Capitole, où sont réunies la *Psychée*, la *Léda*, la *Vénus*, n'offrent point ce notable inconvénient, qui vous oblige de consacrer plusieurs journées, comme ici, à la *Tribune* elle seule, au milieu des chevalets des artistes et d'un flot sans cesse renouvelé de bruyants visiteurs.

Au moment de quitter cette salle, où se rencontrent, entre autres, les deux célèbres *Vénus* du Titien, d'attitude si voluptueuse, et représentées dans l'absence la plus complète de tout vêtement, soit même de la gaze la plus diaphane, nous remarquons un jeune ecclésiastique, séminariste sans doute, car à peine un léger duvet ombrage-t-il son menton, qui, les yeux baissés, les joues enluminées, semblait, à son pas hâtif, fuir plutôt que s'en aller. C'était peut-être un honnête homme, redoutant de ne pouvoir jusqu'au bout imiter l'héroïsme de saint Antoine.

Ah ! ne venez jamais, pauvres déshérités,
En ces lieux trop charmants : toutes ces nudités
Iraient, fouillant vos sens, au mépris des tonsures,
Infiltrer en vos cœurs de secrètes blessures,

Qui, le jour, dans la rue, et la nuit, au dortoir,
Vous représenteraient, dans un brûlant miroir,
Ces attrayants appas des belles filles d'Ève,
Et vous regretteriez de ne les voir qu'en rêve !
Ou, plutôt, secouant d'absurdes préjugés,
Dont trop longtemps, hélas ! vous fûtes affligés,
Sans nul retard brisez en un prochain concile,
L'Évangile à la main, le décret imbécile
Qui défend de créer, au nom du Créateur,
A celui qui bénit l'hymen dans le Seigneur !

En sortant des *Uffizi*, nous gagnons le palais *Pitti*, — admirable musée, monument cyclopéen — qui sert de demeure au Grand-Duc, et qui renferme de splendides galeries de peinture et d'objets d'art. On y compte plus de cinq cents tableaux des meilleurs maîtres. Je n'entreprendrai point, par une description même sommaire, de te rappeler les richesses artistiques, qui sont comme accumulées dans ce palais, car la seule manière d'en passer une revue à la fois rapide et consciencieuse serait peut-être d'imiter l'exemple de Voltaire analysant le théâtre de Racine, et notant chaque scène des interjections : *Sublime !... Admirable !...*

Je m'étais, jusqu'à présent, persuadé, je l'avoue, qu'à Gênes, qu'à Naples, et surtout qu'à Rome, j'avais vu des galeries de peinture de premier ordre; eh bien! j'ose presque affirmer que j'étais dans l'erreur, et que celles de Florence seules méritent ce titre. Où trouver, en effet, ce choix et surtout cette profusion de chefs-d'œuvre de tant de divins artistes? On sent à chaque pas, ici, l'influence du règne des Périclès florentins : l'architecture, la statuaire, la ciselure, la peinture, la mosaïque, tous les arts libéraux, enfin, furent poussés, dans cette République, aussi loin, je le pense, qu'il soit donné d'atteindre à notre imparfaite nature, et firent de Florence entière un vaste et grandiose musée, débordant de merveilles.

Le temps et l'or n'ont jamais été comptés pour rien chez ce peuple; on a uniquement demandé à l'artiste la seule perfection de l'œuvre : et la preuve irrécusable de cette vérité, je la trouve dans la table en mosaïque que nous venons de voir aux *Uffizi*, table qui a coûté cinq cent mille francs de main-d'œuvre pour rétribuer le travail de vingt-deux ouvriers pendant trente-cinq années consécutives.

N'ayant à faire qu'un séjour assez limité à Florence, et les galeries de peinture absorbant la plus grande partie de nos journées, nous nous hâtions de visiter ses principaux monuments, nous jetant à corps perdu dans la ville pour couper par le plus court.

Ainsi deux voyageurs talonnés par la faim,
Voyant que le soleil penche vers son déclin,
Enfoncent l'éperon aux flancs de leurs montures,
Prennent à travers champs, franchissent les clôtures,
Et tels tes deux cousins, à pas désordonnés,
Parcouraient la cité comme deux forcenés.

Voici la *Place du Grand-Duc;* elle est, comme celle de *Saint-Marc* à Venise, le *Corso* à Rome, et la *Chiaja* à Naples, le lieu de promenade habituel des citadins, et, tout ensemble, le musée en plein air du peuple. On y voit, entre autres objets remarquables, la statue équestre de Cosme Ier, le *David*, statue colossale par Michel-Ange, puis, sous la *Loggia de' Lanzi*, rostres de la République, au temps de sa grandeur, le fameux *Persée* de Benvenuto Cellini, l'*Enlèvement de la Sabine*, l'*Hercule* et le *Centaure*, groupes en marbre par Jean de Bologne; enfin, dominant la place, le *Palazzo Vecchio*, qu'habitèrent les Médicis, et dont ils eurent soin de faire une forteresse pour y défendre un pouvoir, qui, pendant plusieurs siècles, fut contesté à cette famille, avec des alternatives de fortune bien diverses, et au travers de tant de crimes, que l'on comprend à peine comment la postérité lui accorda une si large page de louanges et une si petite part de réprobation.

> Ces Florentins, nous pouvons l'affirmer,
> Furent par trop caressés de l'Histoire;
> Dans aucun temps elle ne sut blâmer
> Ceux qu'au combat protége la Victoire,
> Ou que Plutus cherche à légitimer.
> Certe, il est beau de goûter la peinture,
> De combler d'or des artistes fameux,
> Mais il est mieux de garder sans souillure
> Sur son écu le nom de ses aïeux.
> Or, ce grand nom qu'illustrèrent deux reines,
> Que Léon Dix encore éternisa,
> Fut poursuivi des plus affreuses haines,
> Tant et si bien qu'enfin il succomba;

Car, trop souvent, comme ceux des Atrides,
Ces Médicis eurent leurs jours remplis
Par le poison, les lâches homicides,
Sur leurs parents presque tous accomplis.

Au centre de cette sombre demeure on remarque avec surprise la tour dite *della Vacca*, dont l'élévation est de deux cent quatre-vingt-six pieds, et le diamètre de moitié plus considérable à partir des deux tiers de la hauteur qu'à la base elle-même. Le regard reste longtemps étonné de cette singularité architecturale, surprenante presque à l'égal de celle de la tour de Pise. Un monument aussi original ne pouvait guère se passer d'une légende : voici la sienne, telle, du moins, qu'elle m'a été contée.

Vers douze cents, vécut dedans Florence
Certain baron laid, maussade, ennuyeux ;
Depuis six mois il est l'époux d'Hermance :
Hermance est jeune et le baron est vieux.
Aucunement il ne se dissimule
Le sort qu'attend son front prédestiné.

La nuit, le jour il invente, il calcule
Quelques moyens, hélas! l'infortuné,
Pour n'être pas un époux ridicule.
Enfin, croyant ces moyens découverts,
Sous les verroux de cette tour immense,
Et, tout en haut, jusqu'au sommet des airs,
Notre jaloux enferma son Hermance.

Mauvais expédient que celui des verroux :
Une femme enfermée est déjà contre vous ;
Et fût-il Apollon, Pâris ou Ganymède,
Que ce geôlier moura c.....u sans nul remède.
Il est bon de savoir qu'Hermance a dix-huit ans,
Qu'elle a de beaux yeux noirs, une taille élégante,
Plus qu'il n'en faut vingt fois pour avoir trente amants.
Il est bien vrai, pourtant, qu'elle n'en a pas trente,
Mais un qui les vaut tous : il aime, il est aimé.
Le même toit tous deux, aussi, les a vus naître....
Certe en vain le mari ne s'est point alarmé ;
Et le baron jaloux ne peut donc manquer d'être,
Par *Messer Cupido*, ma foi, mystifié,
Ce que jadis Molière eût dit cocufié.

Dès le matin que notre baronnette
Avait été coffrée en ce donjon,

Elle grimpa comme un petit dragon,
Sans hésiter, au haut de la dunette.
— Tout prisonnier cherche à voir sa prison : —
Elle aperçoit, dans une attente avide,
Son jeune amant, le marquis de Jaucour,
Qui, sachant tout, d'un courage intrépide,
Rêvait déjà le siége de la tour.
Or, quand l'amour trotte dans deux cervelles,
Il n'est pour lui plus de nœud gordien,
Ni de verroux qui soient assez rebelles
Pour résister à ce magicien.
Un autre aurait vidé son escarcelle
Aux sales mains du geôlier de la tour ;
Jaucour voulait tuer la sentinelle
Pendant la nuit, ou soit même en plein jour.
Ne fut besoin, pourtant, d'un homicide.
La bachelette a tiré de son sein
Un tout petit billet, que, de sa blanche main,
Elle lance dans l'air avec un bras d'Alcide.
Le marquis le saisit, voit écrit au crayon :
« Quand minuit sonnera, Monsieur le secrétaire,
— Jaucour depuis trois mois l'était du vieux baron —
« Entrez, à la faveur de l'ombre tutélaire,
« Chez mon tyran ; fouillez dessous son oreiller,

« Où se trouve la clé de ma triste tourelle.
« Quant au monstre, n'ayez frayeur de l'éveiller;
« D'ailleurs, s'il s'éveillait.... Hermance vous appelle :
« Songez à vos serments, arrachez-moi d'ici;
« J'y meurs d'ennui, de peur,... d'amour peut-être aussi! »

A deux heures, Jaucour s'éloignait de Florence;
Tout à côté de lui chevauchait son Hermance,
Tenant propos d'amour chacun à qui mieux mieux,
Se moquant des maris dans leurs brocards joyeux.
Puis, ils s'entretenaient de ces billevesées
Dont les amants heureux s'occupent des journées
Au lieu de s'occuper, les pauvres jeunes fous,
D'échapper au baron, à son juste courroux;
Car il n'est pas dormeur enfin qui ne s'éveille.
— D'autant que les jaloux ont la puce à l'oreille —
Mais fort heureusement l'amour était pour eux :
C'est un grand protecteur. Du baron furieux
Il sut si bien troubler les sens et la cervelle,
Qu'en fouillant tous les coins de sa vide tourelle,
Criant, jurant, pleurant, hurlant de désespoir,
Et les yeux injectés de sang à n'y plus voir,
Par un mâchicoulis il tombe. — Avec la vie
Ce monstre de baron perdit sa jalousie.....

Comme on doit le penser, Hermance et son amant
De cette chevauchade ont fini le roman.
Ils rentrent à Florence, où bientôt l'hyménée
Les unit. Puis ils ont une longue lignée !...
C'est là tout ce qu'on peut, je crois, articuler.
Les conduire plus loin serait trop loin aller.
D'ailleurs, Hermance était fille plus séduisante
Avec ses dix-huit ans qu'avecque ses soixante.
Laissons-donc, sans regrets, nos jeunes étourdis,
Et pour voir Maintenant sachons quitter Jadis.

En conséquence, nous gagnerons la place du *Dôme*. où, de même qu'à Pise, sont groupés *le Campanile*. le *Baptistère* et le *Dôme*, qui porte aussi le nom de *Santa Maria del Fiore*. Sa coupole, mémorable ouvrage de Brunelleschi, a une largeur de près de deux pieds de plus que celle de Saint-Pierre-de-Rome. Mais, quoique gigantesque, sa hauteur totale, par rapport au sol de l'église, est moindre de cent vingt-six pieds, et ne frappe pas le spectateur d'une surprise égale. Néanmoins, elle conserve sur celle de Michel-Ange l'incontestable avantage de l'avoir précédée de beaucoup plus d'un siècle, à une époque où rien de semblable n'avait encore été tenté, ni même imaginé. Elle s'éleva, en effet, sans aucune charpente, aucun cintre, aucune armature en fer ; en un mot, ainsi que le dit si bien Michelet :

« Sans secours d'appui extérieur se dressa la colos-
« sale église, simplement, naturellement, comme un
« homme fort se lève le matin de son lit, sans chercher
« bâton, ni béquille. »

Aussi, le grand artiste fut-il traité de fou par tous ses contemporains, jusqu'à ce que, l'œuvre achevée, force eut été de reconnaître son génie. Mais la mémoire de l'illustre architecte devait être magnifiquement glorifiée par Michel-Ange lui-même ; car, parlant de Sainte Marie des Fleurs :

« Il est difficile, déclare-t-il, de faire aussi bien ; il
« est impossible de faire mieux. »

Et encore :

« Je voudrais être enterré à la place d'où je pourrais
« contempler éternellement l'œuvre de Brunelleschi. »

Après d'aussi magnifiques éloges restera-t-il place à la critique? Les sévères, qui, parfois, ne sont que des impuissants ou des envieux, le prétendent : ils disent que le revêtement extérieur du Dôme, formé qu'il est par des assises régulières de marbres alternativement rouges, noirs et blancs, le fait ressembler à un immense ouvrage en marqueterie, et nuit, tout d'abord, à l'impression grandiose que ne tarde pas à vous faire éprouver la contemplation de ce magique édifice. De même aussi, affirment-ils encore, que l'admiration s'y trouve divisée par l'excès d'ornementation sur tant de guirlandes de feuillage, de fleurs et d'oiseaux, sur tant de figurines d'un travail exquis, qu'elle se trouve amoindrie de cette sorte de papillotage, pourtant féerique, et que l'on est ainsi tenté de la comparer à une belle femme, qui, oubliant ses dons naturels, a cru leur donner un nouveau prix en les surchargeant des inutiles colifichets de la parure. Quoi qu'il en soit de la valeur de ces critiques, mon cher Hyacinthe, nous les laissons aux habiles, et nous contentons tout vulgairement d'admirer, et d'admirer encore.

A côté du Dôme se trouve *le Campanile*, cet admirable

clocher de Giotto, dont Charles-Quint disait qu'il était digne d'être précieusement conservé dans un étui de verre. Il est revêtu comme la cathédrale, et orné de décorations sculpturales variées, de hardies colonnettes d'une légèreté incroyable, et de mille découpures gracieuses. Quant au *Baptistère*, ce sont, principalement, ses admirables portes de bronze, dont les bas-reliefs représentent des épisodes tirés de l'Écriture sainte, qui lui ont acquis sa célébrité. On admire surtout celle de l'Est, chef-d'œuvre de Lorenzo Ghiberti à l'âge de vingt-trois ans, et que le vieux Buonarotti disait mériter d'être la porte du paradis.

Cependant, quel que soit notre légitime enthousiasme pour toutes ces splendeurs, il faut nous en arracher, mon cher ami, et songer au retour ; mais, néanmoins, non sans avoir visité les manufactures de mosaïques et les ateliers où se fabriquent ces chapeaux de paille pour lesquels Florence ne connaît pas de rivales.

A Rome, la mosaïque s'exécute au moyen de petits prismes faits de certaines compositions dont le gouvernement conserve le monopole, et qui — prétend-on —

permettent à l'ouvrier l'emploi de vingt-quatre mille variétés de tous les tons de couleurs. A Florence, il n'en va pas ainsi : c'est seulement la *pierre dure*, les marbres coloriés par la nature que l'on y emploie. Cette circonstance même donne à sa mosaïque une supériorité incontestable par les difficultés à surmonter pour l'assortiment, la combinaison des couleurs et la taille des pierres. La différence radicale des matières employées à la fabrication de ces deux sortes de mosaïques en fait donc deux choses entièrement distinctes et de mérites divers.

Comment décrire, ami, cet art ingénieux
Et de plaire à l'esprit et de charmer les yeux,
Où l'artiste, à la fois, tout ensemble doit être
Le peintre et le maçon, l'ouvrier et le maître.
Mille difficultés se présentent à lui :
Il faut que chaque pierre entre dans son réduit,
Que la proportion soit si bien combinée
Que par nulle autre, enfin, elle ne soit gênée,
Sans toutefois laisser à celle qu'elle attend
Par son exiguité l'espace un peu trop grand.
Mais pour y parvenir, pour que toutes ces pierres
Composent un seul tout, et, quoique irrégulières,

Fassent illusion, qu'en les apercevant
L'œil ne voit aucuns joints dans leur assortiment,
C'est là le fruit d'un art et d'une patience
Qui n'existent qu'à Rome et, d'abord, à Florence.
La peinture n'a pas un seul de ses secrets,
Qu'un mosaïste, ici, ne devine; jamais
Nul n'imita Vinci, Raphaël, Michel-Ange,
Plus admirablement que cet artiste étrange.
Cet oiseau, diapré de ses mille couleurs,
On dirait qu'il voltige, et court de fleurs en fleurs,
Des baisers du matin encore tout humides,
S'enivrer du parfum de leurs perles liquides;
Cette biche, fuyant, dans l'épaisseur des bois,
La meute qui la suit, et dont j'entends la voix,
— Car vraiment je l'entends — sont de la mosaïque,
Un marbre travaillé, mais un marbre magique.

Cependant de la ville allons jusques aux champs,
Laissant au laboureur ses travaux incessants :
C'est au sein du ménage, au seuil de la chaumière,
Que nous entrons. C'est là qu'une famille entière:
La mère, la servante, et jusques à l'enfant,
S'occupent à bâtir l'édifice charmant,
Le chapeau, qui, plus tard, au milieu de nos fêtes,
Et savamment porté, fera bien des conquêtes.

De la paille du riz, de son chalumeau d'or,
Sous leurs habiles mains va naître ce trésor,
Auxiliaire heureux — que la mode imagine —
Dans les combats d'amour, de la gent féminine,
Que six mois de travail ne sauront achever,
Tant sa perfection a d'écueils à braver.
Et s'il vient à se rompre..., hélas ! de cette trame
Le plus mince fétu..., pauvre enfant, pauvre femme,
Il vous faudra peut-être alors recommencer,
Sisyphes indigents, sans jamais vous lasser,
Demandant à vos nuits quelques nouvelles heures,
Ou le pain manquerait en vos humbles demeures !

Je ne saurais, ici, te faire le détail
De tous les soins divers qu'exige ce travail :
Je dirai seulement que l'aiguille acérée,
Comme un soldat farouche ardente, exaspérée,
Arrive, perce, court, jusqu'à ce qu'à la fin
Se termine un combat qui, loin d'être inhumain,
N'avait été livré que pour lier entr'elles
Les tresses du chapeau comme des sœurs jumelles.
Et de cette union, de cet intime accord,
Naîtra ce tout coquet estimé son poids d'or,
Dont la femme raffole, et que l'époux avare
Voudrait voir engouffré dans le fond du Ténare !

On habiterait Florence une année entière qu'on ne serait pas à bout d'admiration; que, la veille de son départ, on regretterait encore quelque magnificence aperçue trop tardivement. Mais Turin, Milan, Venise, et quelques autres cités de moindre importance, nous restent à visiter, ne fût-ce qu'en courant : aussi, quittons-nous, dès demain, cette enchanteresse, car les impérieuses nécessités de la vie, tout comme les affections de famille, commencent à nous faire sentir le poids de l'absence, et à nous rappeler au foyer domestique.

Oh ! que les douleurs de l'absence
Sont, hélas ! rudes à porter,
Surtout le soir, quand le silence
Et la nuit viennent arrêter
Tous ces vains bruits dont le murmure
Avaient calmé votre blessure,
Sans, toutefois, de votre sein
Arracher cette affreuse épine
Dont la pointe toujours s'obstine
A distiller son noir venin !

Oui, c'est le soir, je le répète,
Quand la cité devient muette,

Et que, la tête dans mes mains,
Je me dis: aux pays lointains
Que fait-on? Peut-être, à cette heure,
Dans sa solitaire demeure
Ma Pauline souffre et gémit,
Et je ne puis voler près d'elle,
Partager sa peine cruelle,
Ou pleurer au pied de son lit!

Vainement j'appelle à mon aide
Les froids conseils de la raison,
Mais la raison n'a de remède
Que pour le cœur sec ou tiède,
Égoïste, sans passion,
Et non pour éteindre la flamme
Qui brûle, jusqu'au fond de l'âme,
L'ami sincère et l'homme bon !

Adieu, mon ami, adieu donc; il est à présumer que je daterai de Milan la suite de ma correspondance.

VALE.

XXII

Milan, juin 1857.

Nous sommes à Milan, mon excellent Hyacinthe, et, néanmoins, avant de te parler de cette ville, je me sens pressé de me soustraire à un remords qui me poursuit depuis que nous venons de traverser Gênes de nouveau, à notre retour de Florence. Ce remords prend sa source dans l'impardonnable oubli que l'ombre de notre bon parent et ami Victorin Q*** ne manquerait sans doute point de reprocher à la mienne quand moi-même j'aborderai, à mon tour, aux sombres rivages.

Certes, je ne commettrai pas ce crime de *lèse-famille* en taisant davantage les gastronomiques exploits de cet unique héros de notre lignée. En effet, lorsque je te parlai de Gênes, au commencement de ce voyage, j'omis de rappeler que lui aussi avait fait partie de cette héroïque garnison républicaine, qui, sous les ordres de Masséna, brava la mitraille et la famine avec une fermeté rappelant les siéges fameux de Sagonte et de Jérusalem.

> Oui, c'est là que notre cousin,
> Poussé par l'affreuse faim-valle,
> A dévorer son Bucéphale
> Se trouva réduit à la fin.
> Hélas ! les lauriers que Bellone
> Distribue à ses favoris,
> Alors même qu'elle les donne,
> Leur sont comptés à bien haut prix !
> Ainsi, ce coursier si fidèle,
> Ce compagnon de ses exploits,

En beeftecks sous sa dent cruelle
Fut broyé pendant plusieurs mois.
Faut-il l'avouer : ô misères !
Son maître se fit volontiers
De sa peau, dit-on, plusieurs paires
Et de bottes et de souliers !

Cet hommage rendu à la mémoire de notre digne parent, je profite de la digression pour te dire qu'en quittant Gênes nous gagnâmes Turin, où nous devions passer quelques jours au sein d'une charmante famille, qui nous y offrit l'hospitalité la plus franche et la plus gracieuse. Notre projet avait été, dès l'abord, de nous arrêter à peine dans la capitale du Piémont, sachant, à l'avance, qu'elle possédait peu de monuments dignes de retenir longtemps des voyageurs aussi rassasiés de belles choses que nous l'étions.

Mais, c'est le cas ou jamais de le dire : nous avions compté sans nos hôtes, car M. et Mme Dumontel, nos parents et les tiens, étant venus nous attendre au débarcadère, il n'y eut pas moyen de nous le dissimuler:

nous étions ainsi confisqués au profit de la maison Dumontel et Cie. M. Dumontel est l'un des premiers négociants de Turin, où il jouit de la considération la plus méritée.

La capitale du Piémont, à elle seule mieux bâtie que ne le sont ensemble les trois autres que nous venions de visiter, possède de vastes places et des rues d'une régularité admirable. Ces dernières, pour ainsi dire tirées au cordeau, se coupent à angle droit, et sont, la plupart, décorées de portiques, à l'abri desquels on peut parcourir la ville à couvert du soleil comme de la pluie. Les promenades publiques font l'un des charmes les plus vrais de cette cité, et celles qui l'entourent, complantées d'arbres, magnifiques de végétation, ont, assure-t-on, neuf lieues de parcours.

Toutefois, ce que, sans contredit, j'ai le mieux apprécié à Turin, c'est l'excellente famille où nous fûmes reçus avec tant de cordialité. On ne saurait imaginer un naturel plus enchanteur que celui de ses huit jeunes enfants. Quelle bonté, quelle intelligence pétillent dans ces mobiles physionomies! Je ne puis me rappeler sans attendrissement leurs sourires et leurs caresses lorsqu'ils accoururent, un matin, vers moi pour obtenir de notre part un plus long séjour au milieu d'eux.

> Vos fronts si doux, ô mes chers petits anges,
> Ont fait vibrer les fibres de mon cœur,
> M'ont rajeuni... Que des jours sans mélanges
> De nuls soucis vous donnent le bonheur !
> Que les sentiers de cette triste vie,
> Fleuris pour vous, ne présentent jamais
> Devant vos pas ces chagrins dont l'envie
> Nous fait, souvent, porter le rude faix !
> Que le Seigneur, chers enfants, vous protége
> Contre le sort, et que des ans heureux
> Jusqu'à la fin vous servent de cortége !
> Soyez bénis !.... Ce sont mes derniers vœux.

Cependant, tout émus encore de l'affectueuse réception de ces vrais amis, auprès desquels nous avions goûté quelques-unes de ces heures d'une joie si pure que les années elles-mêmes ne peuvent effacer, et dont le souvenir vous embaume le cœur, il nous fallut, bien qu'à regret, pourtant quitter la ville.

Nous nous dirigeâmes donc, sans plus de retard, vers la capitale de la Lombardie, et traversâmes ces champs de Novare, de si navrante mémoire, où venaient de succomber naguère les légitimes espérances et la liberté de l'Italie. Aucunes de ces maisons princières, aucunes de ces villas qui, d'ordinaire, annoncent et précédent les grandes cités, n'embellissent les environs de Milan ; mais, par contre, quel pays au monde est doté de plus beaux canaux, remplis d'eaux plus merveilleusement limpides.

Voici Milan, capitale sans rois,
Toujours vaincue, hier comme autrefois,
Et qui, pourtant, posséda la couronne
Des vieux Lombards, que l'altière Bellone
A deux héros vint poser sur le front :
A Charlemagne, au grand Napoléon.
Mais aujourd'hui qu'un empereur vulgaire,
Trônant dans Vienne, et régnant terre à terre,
Comprend fort bien qu'un semblable joyau
Pour lui serait un trop pesant fardeau,

On a serré l'antique diadême,
Cerclé de fer, avec un soin extrême,
Ainsi que fait l'artiste, en certains cas,
D'un instrument dont il ne se sert pas.

Nous sommes installés à la *Pension Suisse*, où, du moins, nous entendons parler français, et qui, par sa proximité du *Dôme*, nous permettra de rendre de fréquentes visites à ce monument religieux, le plus vaste et le plus somptueux qu'après Saint-Pierre de Rome nous ayons vu jusqu'ici. Néanmoins, pour de bons catholiques, comme tu n'ignores pas que nous le sommes, la beauté des formes devant céder le pas à la vieillesse vénérable, ce fut à l'église de *San Ambrogio*, construite en l'année 387, que nous fîmes notre première visite.

Ce qui donne à cette respectable aïeule de presque tous les temples chrétiens un lustre impérissable, c'est que ce fut au pied de son autel que s'agenouilla le grand saint Augustin pour abjurer ses énormes fredaines, et se convertir à la foi nouvelle. Plusieurs rois d'Italie se firent couronner dans cette église, d'où saint Ambroise évangélisait les habitants de la ville, et c'est de son seuil même qu'il osa repousser l'empereur Théodose après le massacre de Thessalonique. Nous y remarquons une curieuse chaire du XIIe siècle, supportée par huit arceaux, et dans laquelle l'orateur peut se promener longitudinalement, tout en enseignant les fidèles.

Puisque le nom de cet illustre évêque est venu sous ma plume, je ne saurais omettre de dire que le rit *ambroisien*, dont on fait remonter l'origine à saint Barnaba, disciple de l'apôtre saint Pierre, est encore en vigueur dans le diocèse de Milan. J'ignore si tu sais qu'entre ses autres singularités ce rit a maintenu l'usage du baptême par immersion, pratiqué dans la primitive église.

> C'est ici que l'on vous baptise
> Avec de l'eau jusques au cou,
> Et le diable qu'on exorcise
> Ne peut pas s'y plaire beaucoup,
> Car en sortant de la Gehenne
> — Qu'habite, dit-on, le malin —
> Il doit s'y trouver à la gêne

Et céder vite le terrain;

Tandis que, chiche d'eau bénite,

Le baptême en honneur chez nous

Permet que le démon s'abrite

Dans quelques coins, dans quelques trous,

D'où défiant toute mouillure,

Il se tient tapis et guettant

Afin de saisir le moment

De faire de nous sa capture.

Aussi, croirais-je assez dès lors

Que c'est à cette circonstance

Qu'en notre bon pays de France

Nous avons tous le diable au corps.

Si l'église de San Ambrogio brille par son antiquité et les curieuses chroniques qui s'y rattachent, le Dôme ne brille pas moins par la richesse des matériaux dont il est bâti que par sa prodigieuse et sa singulière ornementation architecturale. Cet immense édifice — colossal bloc de marbre blanc — ressemble, à la reverbération du soleil, à un énorme vaisseau de glace descendu, comme une avalanche, des Alpes, ses voisines.

Noùs escaladons quatre cent quatre-vingt-six marches pour dominer et admirer du haut de la flèche centrale les cent trente-cinq aiguilles ou clochetons qui forment le couronnement de l'église, et s'élancent, à des hauteurs différentes, qui varient depuis dix jusqu'à trente mètres d'élévation au-dessus de la toiture. Toutes ces aiguilles, surmontées de statues, flanquées de statuettes, — on en compte deux mille — figurent à vos yeux éblouis comme une légion d'âmes immaculées fuyant les fanges terrestres pour s'élever, intrépides et radieuses, vers le ciel. Enfin, à quatre cents pieds dans les airs, au sommet de la flèche principale, merveilleusement fouillée dans le marbre, ainsi que, d'ailleurs, celles qu'elle domine, resplendit une vierge en bronze doré, de près de cinq mètres d'élévation.

En entrant sous les voûtes de cette cathédrale on se croirait transporté au milieu d'une forêt de pierres cyclopéennes. La voûte ogivale, soutenue par cinquante-deux piliers cannelés, de soixante et douze pieds de haut, ses arceaux arc-boutés, ont, en effet, un frappant rapport avec la courbure du branchage de ces chênes séculaires sous lesquels les premiers chrétiens célébraient leurs augustes cérémonies. Sept cents statues décorent ce temple à l'intérieur, et l'immense vitrail placé derrière le maître-autel, où sont, pour ainsi dire, mises en action toutes les scènes de l'Ancien et du Nouveau Testament — distribuées chacunes dans de petits vitraux carrés — contient environ trois mille personnages bibliques. Mais c'est particulièrement le matin qu'il faut venir admirer ces peintures sur verre, alors que le soleil les illumine de ses rayons et en fait étinceler les splendides couleurs, pareilles aux reflets de l'incendie.

Nous descendîmes dans la crypte où dorment les restes mortels de saint Charles Borromée. Sa châsse, d'argent massif, admirablement ciselée, revêtue de panneaux en cristal de roche, a coûté quatre millions de francs. A la vue de toutes ces magnifiques superfluités, je ne pus m'empêcher de regretter la folie humaine, qui rend ainsi improductives tant de richesses enlevées à la circulation pour grossir un trésor inutile à la majesté divine. Singulière façon d'honorer, de glorifier la mémoire de cet illustre et vertueux archevêque, dont la vie tout entière ne fut qu'une longue abnégation, et comme un permanent héroïsme.

Si j'ai, parfois, d'un vers un peu brutal
Stygmatisé le prêtre catholique,
Ne me prenez, certes, pour hérétique :
Je n'ai frappé que ceux qui font le mal,
Qui, se servant de la sainte morale
De Jésus-Christ — ce grand homme de bien —
Pour acquérir des honneurs et du bien,
Sont du clergé la honte et le scandale.
Mais sur mes pas, ainsi que dans ce lieu,
Quand j'aperçois l'un des élus de Dieu,
Qu'il se nomme Vincent, Lascasas, Borromée,
Dont l'amour du prochain a fait la renommée,
Je suis heureux alors de dire les vertus
De ces héros, qui sont les seuls fils de Jésus.

Voyez ce Borromée, au milieu de la peste
Prodiguant aux souffrants, aux pauvres ce qui reste
D'une trop courte vie, illustrée à jamais
Par son humanité, son amour, ses bienfaits ;
Ce Lascasas, plaidant pour la triste Amérique,
Couverte de bûchers de par saint Dominique ;
Ce saint Vincent de Paul, rachetant les enfants
Qu'à la mort, qu'à la faim condamnent leurs parents !
Ceux-là, le monde entier retentit de leur gloire ;
Toujours les malheureux rediront leur mémoire,

Car ils font aimer Dieu et ne l'absorbent pas
A leur profit dans un calcul sordide et bas.
Ah ! venez, accourez, il en est temps encore,
Prêtres, la foule croit, et toujours elle adore
Le Dieu devant lequel l'esclavage tomba ;
Mais faites révérer la loi qu'il enseigna ;
Sachez vous détacher des choses de la terre ;
Renoncez à sortir du divin sanctuaire ;
Renfermez-vous, enfin, dans la Religion,
Vous serez les bénis des enfants de Sion.
Et moi, pauvre vieillard, plein d'une douce joie,
De la critique, alors, quittant l'amère voie,
Je n'écrirai des vers que pour louer les Cieux
D'ôter le voile épais qui vous couvrait les yeux !

Je ne parlerai point de la galerie de tableaux du palais de *Brera*, bien qu'elle contienne beaucoup de belles toiles, signées des noms les plus illustres. Mantegna, Paul Véronèse, Van Dyck, Le Guerchin, les Carraches, Léonard de Vinci, Raphaël, y sont représentés par des œuvres remarquables. C'est même dans l'une des salles de ce musée que l'on admire le célèbre *Mariage de la Vierge*, peint par l'immortel Sanzio, d'Urbin.

Je ne ferai que nommer, en passant, la bibliothèque *Ambroisienne*, bien qu'elle jouisse pourtant d'une réputation méritée ; mais j'abrége le plus possible afin de t'épargner les longueurs qui mettraient ta bonne volonté à de trop rudes épreuves. Je dirai donc seulement que cette bibliothèque renferme trente mille volumes, parmi lesquels on distingue un certain nombre de manuscrits originaux, d'un très-grand prix, entr'autres un Virgile, contenant des notes marginales de la main de Pétrarque. Mais une des choses qui nous frappa davantage par sa curieuse singularité, ce fut une soyeuse et blonde boucle de cheveux servant sans doute de commentaire, sinon de signature, à une lettre écrite par la trop célèbre *Lucrezia Borgia*, fille incestueuse du pape Alexandre VI, à certain cardinal dont j'ai oublié le nom.

Cette boucle soyeuse appartint à Lucrèce,
  Qui fut fille d'un pape, et de pape maîtresse,
  Qu'on vit effrontément du bandeau virginal
  Se ceindre pour entrer dans le lit nuptial,
  Quoique depuis longtemps, avide d'adultères
  Et d'incestes, elle eût à son père, à ses frères.

Ivre de volupté, sans honte, sans remords,
Prostitué déjà son âme avec son corps !
Ces affreux Borgia d'Atrée et de Thyeste
Seraient-ils donc issus, que le meurtre, l'inceste,
La trahison pour eux furent des jeux d'enfant ?
La débauche les suit jusques au Vatican,
Où l'on vit s'étaler, comme dans leur domaine,
La luxure et le vol sous la pourpre romaine,
Alexandre et ses fils, ou plutôt ses bâtards,
Faisant de leurs palais d'immondes lupanars !

Cependant je te dirai quelques mots rapides sur la *Chartreuse* de Pavie, que, presque à la veille de quitter Milan pour gagner Venise, nous eûmes la velléité de visiter, son éloge dans toutes les bouches nous ayant inspiré un ardent désir de la connaître. Nous n'eûmes point à nous repentir de cette pérégrination, à laquelle un vif attrait nous entraînait en notre qualité de bons Dauphinois : la petite-fille de saint Bruno est une véritable merveille. Une journée suffisait pleinement, d'ailleurs, à cette excursion, et le soir nous revit au gîte accoutumé.

La Chartreuse de Pavie n'a point les gigantesques proportions de celle des Alpes grenobloises, son aînée, ni l'encadrement des sévères et majestueux aspects des paysages alpestres, tant s'en faut; mais elle est bien autrement attrayante par les délicatesses sculpturales de certaines de ses parties, et surtout par la richesse de sa parure. Je me garderai d'entrer dans des explications qui seraient trop insuffisantes pour te satisfaire: je dirai simplement qu'une famille florentine tout entière a travaillé pendant trois siècles à décorer de mosaïques les chapelles de son église. Contente-toi de ce jalon, mon cher ami, et brode en émeraudes, en lapis-lazuli, en cornalines, en rubis, et toutes autres pierres précieuses, ce que ta brillante imagination pourra te fournir, et je suis assuré que tu resteras encore bien loin de la vérité.

Adieu, mon cher Hyacinthe; nous ne tarderons pas à quitter Milan, et je t'adresserai ma prochaine lettre de la ville même des Doges.

XXIII

Venise, juillet 1857.

La route de Milan à Venise se fait, en grande partie, par le chemin de fer. Un tronçon, compris entre *Treviglio* et *Cocaglio*, vous force néanmoins encore à prendre la diligence.

Nous voici donc traversant, à toute vapeur, ce pays Lombardo-Vénitien, si plein des glorieuses étapes de nos guerres modernes et contemporaines, où chaque champ de bataille fut un champ de victoire pour nos armes. Ici Brescia, témoin de la continence de notre compatriote le chevalier Bayard; Trévise, qui donna son nom au brave Mortier, tué misérablement, aux côtés du roi Louis-Philippe, par la machine infernale de Fieschi; Arcole, sur le pont duquel le jeune Bonaparte, s'élançant, un drapeau à la main, tout au milieu de la mitraille, sut prouver qu'en lui le courage du soldat égalait le génie du général.

« Pourquoi donc, illustre guerrier,
« Enfant gâté de la Victoire,
« D'une couronne de laurier,
« Décernée au nom de la Gloire,
« Ne sus-tu pas t'enorgueillir ?
« Pourquoi fis-tu de ton épée
« Une redoutable cognée
« Dont tu frappas pour te grandir ?
« Pourquoi méprisas-tu ta mère,
« Fils ingrat de la Liberté ?
« Ta puissance fut éphémère,
« Du jour de cette iniquité.

« Pourquoi ne sus-tu pas, de ton bras formidable,
« Fonder après avoir vaincu les factions,
« Fier génie, imposer la paix aux nations,
« Conquérant pour toi-même un pouvoir immuable ?
« Et, nouveau Washington, sur des rochers déserts
« Tu ne fus pas allé périr au bout du monde,
« Victime de l'Anglais, de ce peuple pervers,
« Que la fureur des rois applaudit et seconde ! »

Enfin, que te dirai-je ? Nous arrivons à Venise dans les lauriers jusques aux genoux, et tu penses si nos cœurs français palpitent, à chaque pas, de fierté et de regrets.

Il est nuit quand la visite de la douane est terminée, et, pour comble de contrariété, une pluie malencontreuse nous accueille à la sortie du débarcadère. Aussi, nous jetons-nous furieusement dans la gondole pour gagner notre gîte, qui, par une espèce de dérision du sort, porte le nom d'*Hôtel de la Victoire !* Enfin, après maints embarras, compagnons inséparables des malheureux voyageurs, nous y arrivons, mais avec un air de poules mouillées, qui ne nous donne pas le moins du monde celui de triomphateurs.

Attila, pas plus que Pompée,
Comme nous trempés jusqu'aux os,
N'eussent pu, malgré leur épée,
Être pris pour de vrais héros :
Le plus grand homme est ridicule
Lorsqu'il descend du piédestal ;
Un roi devient principicule ;
Moi, je me sentais trivial,
Crotté de la nuque à l'échine.
Aussi notre hôte, impudemment
Me jugeant sur ma pauvre mine,
Me prit d'abord pour un croquant.
Mais quand j'eus changé de costume,
Le drôle, alors, se ravisa,
Et, par une excuse posthume,
Avec moi se rapatria.
Ainsi, cette ville aquatique
M'offrit une hospitalité,
Par ma foi, fort énigmatique,
Tu le vois, dès le débotté.

Trois mille gondoles, d'innombrables canaux et trois cent vingt-neuf ponts permettent de parcourir Venise, bâtie tout entière sur pilotis. Les chevaux, les voitures, et même les chaises à porteurs y sont complétement inconnus, ce qui se comprend de reste quand on remarque l'étroitesse de ses rues, dont la largeur est à peine de trois mètres, pour les plus spacieuses.

Je dirai peu de chose du gouvernement qui, pendant dix siècles, pesa sur cette puissante cité. Le pouvoir souverain fut, à l'origine, aux seules mains d'un *Duc* ou *Doge* inamovible ; puis il devint révocable (1173), et ce Doge partagea l'autorité avec le *Grand Conseil*, qui se compléta d'un *Conseil des Dix* (1300). Ce Conseil, dont le renom fut si terrible, institué, d'abord, pour une période de *deux mois*, et investi de la dictature, se perpétua pendant cinq cents ans.

Toutefois, ce fut après la conjuration de Marino Faliero que les Dix déléguèrent à trois d'entr'eux la plus grande partie de l'autorité. Ce Tribunal, au pouvoir irresponsable, connu dans l'histoire sous le nom de *Conseil des Trois*, ou d'*Inquisiteurs d'État*, avait droit de vie et de mort sur tous les citoyens, sur les membres du Conseil des Dix, et même sur ceux qui composaient son triumvirat ; car il arriva que deux des Inquisiteurs d'État se réunirent pour bannir leur troisième collègue, et même le mettre à mort.

Nous sommes descendus dans la profondeur de ces cachots, où un mot indiscret, un geste équivoque faisaient emprisonner, à tout jamais, par ces horribles personnages, des citoyens inoffensifs. Sur nos têtes grondaient les vagues de l'Adriatique. Nous avons pénétré sous ces *Plombs* meurtriers, témoins accusateurs des tortures de l'infortuné Pellico. Son cabanon n'a guère plus de dix pieds carrés, et le jour n'y pénètre que par une lucarne de quelques pouces d'ouverture.

Non, les temps ne sont plus où, sous la voûte sombre,
Les *Trois* accumulaient, peu soucieux du nombre,
Ni du rang, ceux qu'un mot, souvent dit au hasard,
Désignait aux soupçons du sbire ou du mouchard !
Non, la mort a fermé tous ces sanglants registres,
Nous dit-on. Et quels sont, alors, ces bruits sinistres ?

On se tait... Je le vois : l'Autriche a ses secrets.
Les pouvoirs sont changés, nullement les arrêts!
Mais sous un trop long joug accumulant ses haines,
Venise, secouant enfin ses lourdes chaînes,
Quelque nouveau Manin, s'il en est de pareil,
Saura lui conquérir une place au soleil;
Et, déjà, l'horizon nous montre des nuages
Qui portent en leurs flancs la foudre et les orages !

Après notre visite au *Palais Ducal*, où se trouvent non-seulement des Plombs et des cachots, mais encore d'admirables peintures des maîtres vénitiens, dont les pages éloquentes racontent les fastes de la glorieuse République, nous montons en gondole et parcourons le *Grand Canal*, qui est, pour cette fille des eaux, les *Champs Élysées* et le *Boulevard des Italiens*, où se promène, chaque soir, l'aristocratie vénitienne.

C'est là que l'amour en gondole
Se rend, à l'ombre de la nuit,
Et que, par sa douce parole,
Il obtient un charmant déduit;

Où, quelquefois, la jalousie

— Car les Vénètes sont jaloux —

Termine par la tragédie

Le plus suave rendez-vons.

Du poignard, selon la chronique,

Ici chaque mari se sert

Pour faire taire la critique,

Et mettre l'honneur à couvert.

Ne va pas, sur cette remarque,

A la crainte t'abandonner :

Si je monte sur cette barque,

Hélas! c'est pour me promener.

L'Amour sourit à la jeunesse,

Il est le tyran du vieillard :

Malheur au fou qui le caresse

Quand l'âge dit : « il est trop tard ! »

Ce canal, long serpent aux sinueux anneaux, est bordé de palais de marbre, noircis et rongés par les siècles. Une massive architecture leur donne un air de silencieuse majesté qui semble oppresser la poitrine et rappeler le sinistre gouvernement sous lequel ils furent érigés La plupart de ces demeures, sorties des griffes de l'aristocratie, à peu près ruinée aujourd'hui, sont tombées aux jolies mains des *Essler*, des *Taglioni*, et autres divinités de notre Opéra parisien.

Voici pourtant un palais resté, dit-on, dans la famille de l'héroïque Dandolo, du vainqueur de Constantinople. On se souvient qu'aveugle, et âgé de quatre-vingt-dix ans, le vieux général se fit porter à l'assaut de cette ville sur les bras de ses soldats. Tout à côté se trouve celui du Duc de Bordeaux, petit-fils de ce comte d'Artois, depuis Charles X, que l'on vit à Quiberon :

Loin, certes d'imiter le brave Dandolo,
  N'oser même tirer sa brette ;
Et quand il vit les siens dont on trouait la peau,
  S'enfuir sans tambour, ni trompette.

La place Saint-Marc, la plus spacieuse de Venise, rendez-vous de tous les étrangers, ressemble beaucoup, avec de moindres proportions, au *Palais Royal*, à Paris. Les *Procuraties*, qui en forment les arcades, sont les promenoirs de la foule dans le gros du jour ou pendant la pluie, et le lieu spécial du commerce des objets de luxe.

Sous bien des rapports la similitude est donc parfaite ; mais ce que l'on voit seulement ici, c'est une population de plusieurs milliers de pigeons faisant leur quartier général de cette place, aussi bien que de l'église Saint-Marc. Ces anciens pensionnaires de la République, fort respectés et choyés par les habitants, sont presque tous de la même couleur. On ne permet point de les tuer, et ils se trouvent, de fait, placés aujourd'hui sous la sauvegarde des citoyens.

Un spectacle singulièrement curieux est de voir, chaque jour, ces intelligents oiseaux s'amonceler sur les dalles de la place, au coup précis de deux heures, marchant, sautillant, voletant pour recevoir leur grain quotidien, que, de ses fenêtres, une dame bienfaisante fait distribuer à cette troupe emplumée, qu'elle a prise sous sa protection. On prétend que, par une disposition testamentaire, elle assure à ses fidèles hôtes une rente perpétuelle, afin que sa sollicitude leur soit continuée même après sa mort.

Accourez tous, de votre aile légère,
Fendez les airs, deux heures vont sonner,

Fils de l'éther, du ciel, de la lumière,
Charmants pigeons, la main hospitalière
S'ouvre, et déjà vous apporte à dîner.
C'est du Très-Haut la sage vigilance
Qui fit germer dans un généreux cœur,
Un cœur de femme, —en est-il de meilleur ! —
Ce vœu touchant de tendre prévoyance
Pour vous nourrir, protégés du Seigneur !
Tendres oiseaux, vous que l'amour enflamme,
Et qui pour deux n'avez qu'une seule âme,
Quand vous aurez roucoulé vos amours,
Paré, lustré l'azur de vos atours,
Venez voler auprès de la fenêtre
Où, chaque jour, vous voyez apparaître
L'ange béni, dont la pieuse main
Vient vous sauver des horreurs de la faim.
Souhaitez-lui, dans votre doux ramage,
Un siècle entier de jours exempts d'orage !

Au reste, je me trouve ici tout à fait en pays de connaissance : le *lion ailé* de Saint-Marc, que j'ai vu sur l'*Esplanade des Invalides*, couronne l'une des deux colonnes de la Piazzeta, au bord de la mer ; l'autre de ces colonnes supporte la statue de saint Théodore, patron primitif de la République. Cette statue repose sur un crocodile. Je reconnais aussi le célèbre *Quadrige* des chevaux de Corinthe, qui, après avoir décoré les Arcs triomphaux de Néron et de Trajan, vint orner celui du Carrousel, pour reprendre sa place au fronton du portail de l'église de Saint-Marc, à la suite des traités spoliateurs de 1815, d'odieuse mémoire. Sur ce même portail nous remarquons un tableau, exécuté en mosaïque vénitienne, dont le sujet se rattache à l'histoire de la République et représente l'enlèvement du corps de saint Marc. Deux Vénitiens, ayant obtenu l'autorisation de s'emparer du corps de cet Apôtre, dont le tombeau se trouvait à Alexandrie, dans une église ravagée par les Turcs, imaginèrent de placer ses reliques dans une manne, et les couvrirent d'herbes aromatiques et de quartiers de porc, que l'on sait être en horreur aux Musulmans.

> Grâces à la loi de Moïse,
> Comme à celle de Mahomet,
> Le saint, sans habit, ni valise,
> Et que dans un panier l'on met.

Put s'échapper à la sourdine ;
Car, le couvrant de saucissons,
De salé, de lard, de jambons,
Que le Musulman abomine,
Il arriva que le douanier,
— A cet aspect épouvantable —
Repoussant cet affreux panier,
Envoya notre saint au diable ;
De sorte que l'élu de Dieu,
En cette étrange compagnie,
Arriva sans cérémonie
Pour être enterré dans ce lieu,
Et protéger la République
De son pouvoir apostolique.

Cinq coupoles surmontent le faîte de l'église de Saint-Marc. Ce couronnement lui donne une physionomie tout à fait orientale, à laquelle s'accoutument difficilement des yeux français, habitués aux flèches élancées de nos cathédrales du moyen âge.

Cet édifice contient le nombre prodigieux de cinq cents colonnes de vert antique, de porphyre et de serpentine.

Les voûtes, les coupoles, les murailles sont revêtues de mosaïques, représentations religieuses, tirées soit de l'Écriture, soit de l'histoire vénitienne.

Rien de ce que nous avons vu jusqu'à présent n'est comparable à l'originalité de ce temple byzantin, où sont accumulés des trésors artistiques, presque tous enlevés à la Grèce ou à Constantinople.

Venise est, certainement, de l'Italie la ville qui possède dans ses palais ou dans ses églises les plus nombreuses et les plus belles toiles dues au pinceau des maîtres vénitiens : Mantegna, Giovani Bellini, véritable créateur de cette école ; l'illustre Titien, Bassano, les Pordenone, les Paris Bordone, le Tintoret, Paul Véronèse, les deux Palma, Canaletto, écrivirent sur leurs toiles éclatantes, dans leurs fresques splendides, la merveilleuse histoire de leur patrie et celle de l'art.

Au reste, tous les moyens étaient bons aux gouvernants de cette cité pour faire contribuer les peintres les plus célèbres aux embellissements qu'ils avaient à cœur. Ainsi l'on raconte que Paul Véronèse, ayant été chargé de faire le portrait de l'un des Dix, fut accusé par celui-ci d'avoir manqué la ressemblance. L'auteur, piqué au vif, eut la malencontreuse inspiration de pendre son tableau à l'un des piliers des Procuraties, après avoir, au préalable, décoré le front du méticuleux personnage de certaines excroissances anormales dont les maris se soucient, d'ordinaire, assez peu. Véronèse, mis en prison pour ce fait, jugé, condamné à mort, n'obtint sa grâce qu'à la condition de peindre, sa vie durant, des sujets religieux. Enfermé dans l'église de Saint-Sébastien, où l'on voit son tombeau, il y passa vingt années : aussi en fit-il un admirable musée.

Aujourd'hui, que la plupart de ces richesses ont été dispersées, on remarque encore dans le chœur de cette église un tableau représentant le martyre de saint Marc, où l'étincelant artiste a peint toute sa famille.

Mais c'est surtout au Palais Ducal que Titien, Tintoret et Véronèse ont rivalisé d'audace et de génie. Je ne crois pas qu'il soit possible de trouver de toiles à la fois d'une composition plus hardie, d'une touche plus magistrale et d'aussi gigantesques proportions que la plupart de celles qui tapissent littéralement les immenses salles de ce somptueux édifice.

Je cours, et ne fais ici qu'effeuiller, pour ainsi dire, mes souvenirs, de crainte de me laisser entraîner malgré moi à trop de détails. Je ne te parlerai donc ni des galeries de l'Académie, ni des vingt ou trente églises qui méritent d'attirer l'attention du touriste, car n'ayant point à ma disposition le coloris enchanteur de leurs hôtes illustres, je suis impuissant à te traduire les impressions que me laissent les magnifiques peintures que je ne me lasse point d'aller admirer chaque jour.

Cependant, avant de quitter définitivement ce pays, nous voulûmes rendre visite à quelques-unes de ces soixante îles qui forment les *Lagunes*, et que les eaux de l'Adriatique recouvrent, en partie, à la marée montante; nous poussâmes même, un jour, jusqu'à celle de Murano, célèbre autrefois par ses manufactures de glaces. Ce fut dans cette île que les Vénètes vinrent se réfugier (452) lorsque le farouche Attila les chassa de celle de Torcello. Nous visitâmes cette dernière, en mémoire de ce souvenir, et j'eus même la fatuité de me prélasser dans un énorme fauteuil de pierre, qu'une grotesque légende prétend avoir servi de siége à ce ravageur.

>Attila, fougueux conquérant,
>Fléau de Dieu, comme on le nomme,
>Parcourt le monde en sacripant,
>Tue, écharpe, viole, assomme,
>Et, toujours tuant, violant,
>Arrive enfin chez le Vénète,
>Qui, connaissant de longue main
>Les *us* de cet homme inhumain,
>Sur quelques galères se jette,
>Et demande à l'onde un abri
>A couvert d'un tel Antechrist.

Puis ces autres castors, luttant contre Amphitrite,
Devinrent, à la fin, la nation d'élite,
Maîtresse de la mer, florissante cité,
Qui s'éteint aujourd'hui sous un joug détesté,
Et courbe tristement son front chevaleresque
En recevant la loi d'un empereur tudesque.

Le mauvais temps ne nous permet pas de visiter

Chioggia, où l'on admire ces beaux types dont s'est inspiré, dans ses *Pêcheurs de l'Adriatique*, l'illustre autant que malheureux Léopold Robert.

Nous consacrons notre dernière journée à une rapide revue des principaux monuments que nous avions déjà remarqués. Nous visitons l'Arsenal, où se trouve une intéressante collection des anciennes armes vénitiennes, un modèle du *Bucentaure*, et divers instruments de torture que mit en usage François Carrara, connu dans l'histoire sous le nom de *Tyran de Padoue*.

L'un des plus singuliers est assurément l'*Ostacolo*, dont a plaisanté, bien à tort, selon moi, le président de Brosses, et qui montre jusqu'où peut atteindre la folie humaine livrée sans contrôle à tous ses caprices.

Ce monstrueux appareil, inventé par la féroce jalousie du mari pour assurer *matériellement* la fidélité de sa femme, rendait celle qui en subissait l'outrage victime d'une torture permanente, véritablement atroce.

Il est désigné aujourd'hui sous cette mention caractéristique : *Ostacolo suggerito dalla strana gelosia del Carrarese.*

La jalousie, au sinistre visage,
Inspira seule à l'odieux tyran
Cet instrument, d'invention sauvage,
Car il pensait, dans sa stupide rage,
Ainsi se mettre à l'abri du croissant.
Figurez-vous dessous sa carapace
Un hérisson, qui sait, sous mille dards,
S'envelopper de robustes remparts,
Et défier une meute vorace.
Voyez les chiens s'écorchant le museau
Sur les piquants de ce gibier fallace,
S'enfuir honteux, contrits, l'oreille basse,
D'être venus se jeter dans la nasse,
Et d'y trouer cruellement leur peau !
Semblable fut, autant qu'on peut le dire,
Ce bouclier des plus secrets appas
De sa moitié, qu'en son affreux délire
Imagina ce François Carraras !...
Ah ! croyez-m'en, vous tous que dévore la flamme

De votre jalousie, évitez ce moyen :
C'est par le cœur toujours qu'on enchaîne la femme ;
Vos cadenas jamais ne serviront de rien :
Il n'est pas de verroux, il n'est pas de serrure
Que l'adroit Cupidon ne sache ouvrir enfin.
Faites-vous donc aimer, ou bien, je vous le jure,
Vous n'échapperez pas à la triste aventure
Du forgeron que l'on nommait Vulcain !

Nous partons, et, dans notre course rapide, nous visiterons Padoue, Mantoue, Vérone, Côme et Arona, d'où je pense dater, enfin, les derniers feuillets de ce long journal.

Vale.

XXIV

Arona, juillet 1857.

Tu n'as sans doute pas oublié, mon cher ami, que j'ai fermé ma dernière lettre au moment de prendre le chemin de fer pour gagner Padoue.

Cette ville, qui vit naître l'historien Tite-Live, servit de refuge à Dante lorsqu'il fut exilé de Florence (1301), et l'illustre proscrit y devint le commensal du jeune peintre

Giotto. C'est ici, surtout à la *Madonna dell' Arena*, de même qu'à *Saint-François*, à Assise, que l'on doit étudier les fresques de ce maître, l'un des premiers et des plus puissants initiateurs de l'art moderne. Nous étions donc beaucoup plus curieux, tu le penses bien, de ces souvenirs, qui nous attiraient particulièrement à Padoue, que de vérifier les prétentions plus ou moins fondées des bons chroniqueurs padouans à faire remonter les origines de leur ville jusqu'à Anténor et la guerre de Troie. Aussi, allâmes-nous, dès l'abord, visiter le sanctuaire vénérable que Giotto, à peine âgé de vingt-huit ans, marquait du sceau de son génie (1304).

L'une des fresques de l'église de *San-Antonio*, où nous ne tardâmes pas à nous rendre, représente — selon la légende — saint Antoine de Padoue évangélisant les poissons. C'est là qu'on vénère les reliques

> Et le tombeau de cet illustre Antoine,
> Qui, nous dit-on, était si fort idoine
> A bien prêcher, que jusques aux poissons
> Vinrent, parfois, ouïr ses oraisons.

Mais je n'ai su découvrir dans l'histoire
Quel fut le fruit qu'en tira ce grand saint ;
S'il convertit assez bien le requin
Ou le brochet, ces Cacus à nageoire,
Pour obtenir qu'aujourd'hui ces forbans
Ne croquent plus, humbles et repentants,
Ceux qu'ils croquaient, jadis, à belles dents ;
Ce qui serait un vrai titre à la gloire !
Probablement il en fut des sermons
Faits par Antoine au peuple des poissons
Comme il advient de ceux que l'on adresse,
Chez les humains, à la gent pécheresse,
Et qui, jamais, n'empêchent les petits
D'être mangés par leurs gros ennemis.

L'église de Saint-Antoine est véritablement remarquable. Construite, comme Saint-Marc, à Venise, dans le goût byzantin, elle est surmontée de huit coupoles.

L'autel spécialement consacré au saint patron est, je le présume, celui de toute la chrétienté sur lequel il se dit le plus de messes, qui, toutes sont basses : environ dix mille par an. Chaque jour on y officie depuis cinq heures du matin jusqu'à une heure de l'après-midi. Je remarque particulièrement dans cette chapelle de charmantes sculptures et de gracieux pilastres, où l'imagination de l'artiste s'est donné les plus grandes licences. Les personnages, hommes ou femmes, en effet, y sont tous représentés dans un état complet de nudité, au moins étrange en un pareil lieu, et sans songer à y gazer le moins du monde aucun des attributs distinctifs de l'un ou de l'autre sexe.

Parmi les curiosités de cette ville, le *Palazzo della Ragione* ou *Salone* contient, sans contredit, la plus vaste salle couverte qui se puisse voir : trois cents pieds de long sur cent de large. Des fresques, — dont quelques-unes de Giotto — fort endommagées et fort anciennes, recouvrent les murailles de cet édifice ; sa charpente, d'un aspect véritablement grandiose, sans aucun appui intérieur, est merveilleuse de légèreté et de hardiesse. Le monument de *Tite-Live*, érigé en l'honneur du célèbre historien (1547), dont on avait cru découvrir le tombeau (1413) près du monastère de *Santa-Giustina*, se trouve dans cette salle, au fond de laquelle on a placé un colossal cheval en bois, singulier ouvrage du sculpteur Donatello, et qui représente, dit-on, le cheval de Troie.

>   Que de chevaux illustrés par l'histoire
>   Viennent ici frapper mon souvenir !
>   Les voici donc trottant dans ma mémoire,
>   Comme à l'envi se pressant d'accourir :
>   C'est Bucéphale, ou bien c'est Rossinante ;
>   C'est de Renaud le pétulant Bayard ;
>   C'est de saint Jean la rosse agonisante,
>   Aux os pointus perçant de toute part.
>   Mais aucun d'eux ne fut aussi célèbre
>   Que celui-ci, funeste occasion
>   De cette nuit lamentable et funèbre
>   Où succomba la fameuse Ilion !

Le cicerone, alors, — car dans cette Italie
Sans un guide jamais on ne peut faire un pas —
Hâbleur au premier chef, nous dit : « En vain l'envie
  « Voudrait nier qu'ici nous ne possédons pas
  « Le cheval de Sinon, ce colosse homérique,
  « Qu'à son retour, jadis, notre illustre Anténor
  « Ramena d'Ilion — le fait est authentique. —
  « Venez-donc voir, Messieurs, ce précieux trésor ! »

Le drôle prétendait que dans ses flancs immenses
On conserve avec soin des terribles guerriers
   Les gantelets, les casques et les lances,
   Et même aussi les pesants boucliers.
   Je crois vraiment, en son effronterie,
   Qu'il eût osé bientôt nous faire voir
   Du roi Priam la carcasse noircie,
   Empaquetée en quelque vieux tiroir !
   Mais, coupant court à son sot verbiage,
   Je signifie à cet affreux coquin
   Que je ne veux rien savoir davantage
   De son cheval, ni de son roi troyen.
Pourtant je me voyais au sein de la pléiade
De ces fiers combattants chantés dans l'*Iliade* :
Achille aux pieds légers, le radoteur Nestor,
Le contempteur des Dieux, Ajax, le grand Hector,
Et tant d'autres, enfin, dont le nom me rappelle
Bon nombre de pensums lorsque dans ma cervelle,
Vers quinze ans, au collége, il m'arrivait souvent
De ne les loger point au gré de mon pédant.
Mais, aujourd'hui, les ans m'ont rendu raisonnable,
Ensorte que, bien loin de les donner au diable
Ces noms, je l'avouerai, je suis toujours heureux
Quand le hasard me fait rencontrer avec eux ;

Je me sens reverdir; les jours de la jeunesse
Se présentent à moi pleins de joie et d'ivresse,
Et j'oublie aussitôt les pensums assommants
Pour ne me souvenir que des jeux de ce temps !

L'Université de Padoue a joui et jouit encore, d'une assez grande célébrité. Dans les galeries de son palais nous voyons inscrits sur le marbre les noms des professeurs éminents qui l'ont illustrée, et, entre autres, celui d'une femme, la célèbre *Helena Piscopia*, qui, coiffant le bonnet doctoral (1680) connaissait huit langues, et professa, dit-on, les mathématiques, l'astronomie et la théologie.

Elle savait le grec et le latin,
Et le sanscrit, et le samaritain,
Faisait des vers comme en fait Lamartine,
Qu'elle chantait d'une bouche divine.
Elle savait.... Mais non, ne savait pas
Que de beaux yeux sont un grand embarras
Pour un docteur, qui doit, dedans sa chaire,
Se montrer froid et même un peu sévère.

Ces deux yeux-là furent malencontreux
Tout l'auditoire en devint amoureux.
On disserta sur l'amour platonique,
Puis, se lassant de la métaphysique,
Chaque matin, le bonnet doctoral
Du professeur devint un arsenal
Où l'on fourrait toute une artillerie
De billets doux, pleins de câlinerie,
D'ardents soupirs, de tendres sentiments,
Bourrés encor de plus tendres serments.
C'était à qui peindrait son incendie:
Chacun parlait de s'arracher la vie
S'il n'obtenait quelque mot rassurant
De cette belle, objet de son tourment,
Qui ne savait vraiment auquel entendre
Pour se guider dans l'amoureux méandre!
Elle avait beau feuilleter Cicéron,
Ou bien Sénèque à l'article jupon,
Et des devoirs que, sans doute, il impose,
De plus en plus elle embrouillait sa glose.
Tous les traités des plus fameux esprits
Furent toujours pour les hommes écrits,
Ensorte donc que son âme perplexe
Ignorait fort ce qu'exigeait son sexe.

Un jour, enfin, le petit Cupidon
Vint terminer l'affaire à l'amiable :
Ce dieu malin fit sentir son lardon ;
Elle envoya bonnet et chaire au diable,
Se maria, fut une femme aimable,
Riant beaucoup, vers quelques soixante ans,
Avec leurs fils, de ses vieux soupirants.

De Padoue nous partons pour Vérone, où nous arrivons à toute vapeur. La patrie de Catulle, de Vitruve et de Cornélius Népos possède encore un amphithéâtre, sorte de Colisée, beaucoup moins vaste, mais, aussi, beaucoup moins ruiné que celui de Rome. Il est vrai que ce monument n'a pu exciter la convoitise des familles papales, et que son éloignement l'a ainsi sauvé des déprédateurs.

Assise sur l'Adige, aucune ville italienne n'a peut-être, comme Vérone, conservé autant de traces rappelant les diverses époques historiques de son passé. Les Étrusques, les Vénètes, les Romains, les Goths, les Lombards y ont laissé de durables empreintes de leur domination.

Nous visitons ses églises et ses antiquités; le soi-disant tombeau de Pepin, fils de Charlemagne, et celui de Scaliger, ne sont point oubliés. Nous donnons un pieux souvenir aux mânes des célèbres amants de Vérone: *Roméo* et *Juliette*. On nous montre l'humble sarcophage de la gracieuse héroïne.

Depuis trois siècles cette froide pierre a été l'objet d'une sorte de culte pour les cœurs tendres, jeunes et passionnés, qui la visitent avec un recueillement et un respect pareils à ceux qui entourent, au Père-Lachaise, le monument où reposent *Héloïse* et *Abélard*.

Bien que l'on ait contesté l'authenticité de ce sarcophage, par cela seul que, servant, aujourd'hui, aux plus vulgaires usages, il a été relégué dans un coin obscur d'une misérable masure, cependant la touchante histoire qu'il symbolise ne périra point, éternisée pour la postérité par l'immortel génie de Shakespeare.

Prêts à quitter Vérone, nous voulûmes saluer le berceau de Virgile; l'excursion se fait en quelques heures par le chemin de fer. Bâtie au milieu d'une sorte de lac que forme le Mincio, entourée de marécages, Mantoue est fortifiée naturellement bien plus que par l'art militaire. Nous allons visiter le *Palais du Té*, dont Jules Romain fut l'architecte et le décorateur, puis le *Palais Ducal*, reconstruit en partie par cet éminent artiste, qui, sous la domination de François de Gonzague, le couvrit de ses compositions les plus originales.

On nous indique la maison de l'illustre disciple de Raphaël. Nous donnons un souvenir à Mantegna, fondateur d'une florissante école de peinture, à laquelle il donna son nom (1450-1506). Nous rencontrons à chaque pas celui de l'immortel auteur de l'*Énéide*, et n'oublions point non plus, en notre qualité de Français, le siége mémorable dont la ville de Mantoue fut le théâtre durant la première période de nos grandes guerres de la Révolution française (1796).

Revenant sur nos pas, nous regagnons Vérone, et partons, sans retard, pour le lac de Côme, d'où nous arrivons. Nous avons parcouru ces rives dont la renommée est si universelle qu'elle fait l'objet des récits admiratifs de tous les touristes, même les plus moroses.

>Figure-toi, sous un ciel sans nuages,
>De verts coteaux aux sites enchanteurs :
>Des deux côtés de leurs heureux rivages,
>Tout au milieu de citronniers en fleurs,
>Nous voyons pendre en grappes les villages,
>Resplendissants des plus vives couleurs.
>Comme à Venise on trouve sur ces rives
>Bien des palais gagnés à l'Opéra.
>Trop long serait de te nommer les *Dives*
>Dont le gosier ce prodige opéra :
>Les Turcarets de ces belles sirènes
>Manquent, peut-être, aujourd'hui de souliers,
>Tandis qu'ici l'on se rit de leurs peines
>Sur le satin de moelleux oreillers...
>Tout est au mieux, ce n'était qu'une dette,
>Car Salomon n'a-t-il pas dit, un jour,
>Que ce qui vient au son de la trompette
>Doit s'en aller par celui du tambour !
>Puis, tous ces beaux Messieurs, enrichis à la Bourse,
>Sont de fieffés coquins, des fripons de ressource.

Conservons nos regrets pour les infortunés
Par ces agioteurs qui furent ruinés,
Et ne blâmons plus tant nos habiles *lorettes*,
Dont les villas de marbre, élégantes, coquettes,
Annoncent que, du moins, ces filles de portiers
Savent bien employer l'or des *boursicotiers*.

Cependant, cette méchante plaisanterie à l'endroit des *Dames* et des *Messieurs* du *Demi-Monde* me paraissant insuffisante à te faire connaître les magnificences de tout ce qui frappe ici nos regards, j'essayerai d'entrer dans quelques détails. Le bateau à vapeur qui fait le service régulier du lac nous promène, la journée durant, autour de cette mer microscopique, circonscrite par de gigantesques montagnes marmoréennes, qui s'élèvent, parfois, jusqu'à plus de quatre à cinq mille pieds au-dessus de nos têtes. Ces colosses, souvent peu éloignés les uns des autres, semblent vraiment vouloir se jouer des saisons, car tandis que leurs têtes sont couvertes de ces neiges qui, d'ordinaire, se trouvent le partage des seules contrées hyperboréennes, à leurs pieds s'étalent tous les fruits du fabuleux Jardin des Hespérides.

Les sinuosités incessantes du lac offrent des aspects si variés, qu'il arrive parfois à l'œil de se croire le jouet du kaleïdoscope ; et si tu veux te former une idée des décorations que l'homme a ajoutées à l'œuvre de Dieu, accumule dans ton imagination — sur huit à dix lieues de parcours — trois cents villas féeriques, quatre-vingts à cent villages, une innombrable quantité de chapelles, le tout comme jeté au milieu de bosquets d'orangers et d'oliviers, sur les premiers plans, de forêts de sapins, de châtaigniers et de mélèzes, sur les plans supérieurs, venant se mirer dans les eaux bleues de ce lac, et tu ne te représenteras encore qu'une bien faible partie de tout ce que la nature, l'homme et le climat ont prodigué à cet autre Éden.

De retour de cette excursion rapide, courant de merveilles en merveilles, nous venons d'atteindre la petite ville d'Arona, baignée par les eaux du Lac Majeur, d'où je t'adresse ma lettre. Mais avant d'aller plus loin, — et sachant combien tu apprécies toi-même les choses du cœur — je veux te dire l'agréable rencontre que nous faisons ici d'un voyageur avec lequel nous avions lié, à Côme, une de ces connaissances, qui, pour être passagères, n'en sont pas, souvent, moins sympathiques, et vous laissent de chers et ineffaçables souvenirs.

Monsieur Émile Colbeau est un jeune Belge d'un vrai mérite. Secrétaire de la Société Archéologique de Bruxelles, il se prépare à faire, à ses frais, une longue exploration scientifique dans l'intérieur de l'Afrique centrale, et principalement en Abyssinie.

>Notre ami n'est point ce touriste
>Qui voyage pour voyager,
>Et dont le mérite consiste
>— Quand il aura dressé la liste
>Des choses qu'il prétend manger
>En d'incommensurables phrases
>A griffonner, matin et soir,
>Jusques aux plus petites phases
>De ses courses sur le trottoir ;
>Puis rapporte dudit voyage
>De mensonges plein son bissac,
>Dont le nouveau *Monsieur de Crac*
>Régale son sot entourage.
>Colbeau, voyageur courageux,
>Savant, bien que convive aimable,

Archéologue sérieux,

Improvise un couplet de table,

Ou, l'astrolabe en main, sait mesurer les cieux.

Enfin, c'est pour l'Abyssinie

Qu'il part, sans regrets, nous dit-il,

Se rendant aux sources du Nil,

Au hasard d'y laisser sa vie.

Dieu t'accompagne, cher Colbeau ;

Que jamais un funeste orage

Ne puisse assaillir ton vaisseau ;

Jusqu'au port reviens sans naufrage.

Et si tu rapportais du rivage africain,

Dans quelque antique amphore, au retour de tes courses,

Pour montrer aux fervents, un peu d'eau de ces *sources*,

— Comme font les dévots de celle du Jourdain —

Rapportes-en surtout ta santé florissante,

Des récits amusants et des notes sans fin,

Que tu verras alors, ami, j'en suis certain,

Par ta Société savante

Avec empressement, après sa longue attente,

Richement imprimés sur son plus beau vélin.

Le Lac Majeur, plus vaste que son voisin de Côme, se distingue par le grandiose et la majesté de son panorama, et un peu par ses îles Borromées. L'*Isola Bella* et l'*Isola Madre*, particulièrement remarquables parce que leur création a été le triomphe de la volonté sur la nature, sont un produit artificiel du génie de l'homme. Mais, à part ces qualités, elles ne me paraissent point mériter l'hyperbolique exagération avec laquelle certains enthousiastes les ont louées.

L'excursion du lac avec la visite aux îles se fait en deux journées, au moins. D'ordinaire, on va coucher à Magadino, à l'embouchure du Tessin : ce fut notre itinéraire. Quoique l'atmosphère soit froide et pluvieuse, le premier jour, nous ne regrettons point les heures consacrées à cette exploration, favorisés que nous sommes, le lendemain, par un splendide soleil, étincelant sur toutes les cimes neigeuses qui nous entourent, à travers les sombres chevelures des verts sapins.

D'Arona nous étions trop près de la célèbre statue colossale élevée à saint Charles Borromée pour ne pas être désireux de voir ce chef-d'œuvre de la fonderie moderne ; aussi n'avons-nous garde d'y manquer. Cette statue est digne, en effet, d'attention autant par sa prodigieuse hauteur — vingt-deux mètres, non compris le piédestal — que par ses belles proportions. Vu du lac, le colosse présente un aspect monumental qui s'harmonise tout à fait avec le caractère imposant du paysage. Le saint archevêque est représenté tenant un livre sous le bras gauche, et donnant de la main droite la bénédiction à sa ville natale. L'escalade de la statue n'est pas sans quelque danger lorsqu'on ne possède plus l'agilité de la verte jeunesse : aussi mon fils seul voulut affronter les difficultés de l'ascension pour avoir l'honneur de pénétrer dans l'intérieur du nez phénoménal.

Enfin nous allons rentrer en France, et quittons dans quelques heures cette Italie, si belle de son climat, si grande de ses souvenirs, si fière et si riche de ses admirables monuments, quoique si à plaindre de vivre sous le joug de fer de ses stupides gouvernants. Demain nous traverserons le *Simplon*, renonçant à franchir le *Grand Saint Bernard*, comme nous l'avions espéré, et que l'on nous annonce n'être praticable sans danger qu'au milieu d'août, soumis qu'il est encore, en ce moment, au régime des avalanches.

Que l'aquilon fougueux de sa voix solennelle
Vienne à frapper les airs autour du haut rocher,
Ou que l'oiseau rapide ébranle de son aile
Un atome, et, bientôt, tout va se détacher.
Sur la pente l'on voit quelques flocons de neige,
L'un par l'autre entraînés, qui vont s'amoncelant,
Et des plus fiers sapins le noirâtre cortége
S'incliner sous les bonds du monstre mugissant;
Car, dès lors, l'avalanche, en sa course sauvage,
Arrache, brise, écrase, enveloppe en sa nuit
Et bergers et troupeaux, et chalets et village !
Puis, l'éternel silence.... Hélas ! tout est détruit !
Je me crois voir, d'ici, fuyant ce lieu sinistre.
N'entends-je pas gronder un bruit terrifiant ?...
C'est de la froide mort sans doute le ministre
Qui vient nous engloutir dessous son manteau blanc !
Ami, je ne sais trop, en ce péril extrême,
Ce qu'eussent éprouvé César ou Tamerlan.
Peut-être ils eussent eu la figure aussi blême
Que j'aurais pu l'avoir moi-même à ce moment.

A l'abri du danger, traversant les montagnes,
    Je vais donc gagner mon manoir;
    Je compte y dormir comme un loir
   Après de si rudes campagnes.

A ce sommeil tu gagneras,
Car tu n'auras plus à me lire,
Et moi, certes, n'y perdrai pas,
Mes doigts se refusant d'écrire
A force d'avoir tant écrit.
Si, du moins, ce qu'ils ont décrit
Pouvait, quelques instants, te plaire,
Je me rirais de leur dépit,
Et ne les écouterais guère.

Bercé par ce trop chimérique espoir, je m'arrête, mon cher Hyacinthe, ne voulant pas, néanmoins, abuser plus longtemps de la longanimité de ton indulgence, si, pourtant, tu as eu le courage de me suivre dans les méandres de cette volumineuse correspondance. Je craindrais qu'un plus ample abus de versification ne finît par te dégoûter tout de bon de la poésie, et que, poussé à bout, tu ne t'écriasses avec l'Alceste de notre grand comique :

« J'en pourrais par malheur faire d'aussi méchants,
« Mais je me garderais de les montrer aux gens ! »

Adieu, adieu donc, mon ami ; je voudrais me persuader, en quittant la plume, que, parfois, j'ai pu t'amuser et te faire sourire : car ce serait là ma plus douce récompense. Et s'il en était autrement, je me consolerais encore par la pensée que tu auras vu dans tout ce persistant bavardage autre chose qu'une trop longue continuité de puériles plaisanteries, c'est-à-dire mon vif désir de perpétuer entre nous, de loin comme de près, un doux échange de ces causeries intimes et cordiales, — charme et prix de la vie — qui nous reportent l'un et l'autre aux riantes années de notre heureuse jeunesse.

Je t'embrasse *toto corde*.

VALE.

FIN.

TABLE

		Pages
DÉDICACE		
I MARSEILLE		1
—	Visite a Roquefavour	4
II GÊNES		9
	Tel qu'Annibal borgne était Masséna.	10
—	Tu te souviens de cette enchanteresse.	15
III ROME.		19
IV —		27
	L'Olympe était — du moins à mon avis	28
V —		37
	Quoi ! ministres des saints autels.	38
	Certes, le fiel et la rancune.	43
VI		45
	Boutade sur l'antique Rome	47
	Visite au Colisée.	48
VII —		55
	Le Santissimo Bambino	57
	Rome, ville des Dieux	61
VIII NAPLES		63

			Pages
	—	Qui, moi, courir encor les mers.	66
	—	Chers brigands, leur eussé-je dit.	68
IX	—	Naples! cité d'escrocs et de macaronis.	71
	—	La charité n'est pas cette aumône vulgaire	75
	—	Que j'aime à voir ce petit mendiant	77
X	—		83
	—	DESCRIPTION DU CORICOLO.	84
	—	VISITE A POMPEÏ.	88
XI	—		95
	—	REPAS DU SOIR DANS LA RUE DEL PORTO.	99
XII	—		105
	—	MIRACLE DE SAINT JANVIER	106
XIII	—	PHYSIONOMIE DE NAPLES	115
	—	LE MERCURE NAPOLITAIN	118
XIV	—	PREMIÈRE EXCURSION	123
	—	LE TOMBEAU DE VIRGILE	124
	—	AGRIPPINE ET NÉRON A BAULI	126
	—	POLLION ET SES MURÈNES.	128
	—	LE STYX ET CARON	131
	—	LA GROTTE DE CUMES.	132
	—	LES CHAMPS ÉLYSÉES	136
	—	UN PRÉDICATEUR EN PLEIN VENT.	138
XV	AMALFI		147
	—	NOUVELLE EXCURSION. — SORRENTE.	152
	—	CAPRI.	154
	—	LA GROTTE D'AZUR. — O vous, fières beautés	156
XVI	—		159
	—	LAMARQUE ET SIR HUDSON-LOWE.	160
XVII	SALERNE.		169

			Pages
		AMALFI— Nous n'étions plus qu'à cent pas.	171
		Quoi! c'est ici, vraiment, la fameuse Salerne?	174
XVIII	NAPLES.	— PESTUM	179
	—	Ces temples, qui virent tant d'âges	182
	—	Me voilà donc dans les bras du sommeil	184
XIX	—		193
	—	ASCENSION AU VÉSUVE	195
	—		205
	—	Était-ce une fille pieuse	209
XX	FLORENCE.		213
	—	Au diable, mille fois, ce voyage maudit!	214
	—	PISE — SES MONUMENTS.	220
	—	L'esprit de l'homme est ainsi fait	226
XXI	—	ASPECT GÉNÉRAL DE FLORENCE	231
	—	LA TOUR DELLA VACCA.	243
	—	L'ART DU MOSAÏSTE.	251
	—	FABRICATION DES CHAPEAUX DE PAILLE	252
	—	Oh! que les douleurs de l'absence	254
XXII	MILAN		257
	—	Vos fronts si doux.	261
	—	C'est ici que l'on vous baptise	264
	—	LE DÔME.	265
	—	Si j'ai, parfois, d'un vers un peu brutal	268
	—	LA BIBLIOTHÈQUE AMBROISIENNE	270
XXIII	VENISE		273
	—	Pourquoi donc, illustre guerrier	274
	—	Attila, pas plus que Pompée.	276
	—	Non, les temps ne sont plus.	278
	—	LE GRAND CANAL	279

			Pages
	—	La Place Saint-Marc.	281
	—	Accourez tous, de votre aile légère.	282
	—	Saint Marc, patron de la République.	284
	—	L'École Vénitienne	286
	—	Le fauteuil d'Attila.	288
	—	La jalousie au sinistre visage	291
XIV	ARONA		293
	—	L'église de Saint-Antoine-de-Padoue.	294
	—	Le Salone a Padoue.	296
	—	Héléna Piscopia, docteur de l'Université Padouanne.	299
	—	Vérone	301
	—	Tombeau de Roméo et Juliette	302
	—	Mantoue — Le Palais du Té	303
	—	Come — Figure-toi sous un ciel sans nuages.	304
	—	Rencontre d'un jeune Belge	307
	—	Le Lac Majeur	308
	—	Les Avalanches.	311
	—	Derniers adieux	312

FIN DE LA TABLE.

ERRATA

Page 21, 11ᵉ ligne — au lieu de : Marc-Vespasien Agrippa — lisez : *Marcus-Vipsanius* Agrippa.

Page 23, dernière ligne — au lieu de : nous dictait donc — lisez : nous *dictaient* donc.

Page 50, 4ᵉ ligne — au lieu de : puis sante — lisez : *puissante* (pour quelques exemplaires).

Page 60, 2ᵉ ligne — au lieu de : t'instruira suffisamment — lisez : *l'instruiront* suffisamment.

Page 90, 13ᵉ vers — au lieu de : Dût affliger — lisez : *Dut* affliger.

Page 99, 12ᵉ ligne — page 105, 6ᵉ ligne — page 138, 13ᵉ ligne — au lieu de : la rue d'el Porto — lisez : la rue *del* Porto.

Page 164, 17ᵉ ligne — au lieu de : nullement certes à mourir — lisez : *nullement certe à conquérir*.

Page 178, ligne 14ᵉ — au lieu de : saint Mathieu — lisez saint *Matthieu*.

Page 219, 10ᵉ ligne — au lieu de : Se fanent-elles donc si tôt — lisez : Se fanent-elles donc *sitôt*.

Page 225, 2ᵉ ligne — au lieu de : Au tour — lisez : *Autour* (pour quelques exemplaires).

Page 288, 18ᵉ ligne — au lieu de : les Venètes — lisez : les *Vénètes*.

Page 298, 22ᵉ vers — page 300, 23ᵉ ligne — au lieu de : Ensorte que — lisez : *En sorte que*.

Page 299, 5ᵉ ligne — au lieu de : L'Université de Padoue a joui et jouit encore, d'une assez grande célébrité — lisez : l'Université de Padoue a joui et *jouit encore d'une assez grande célébrité*.

www.ingramcontent.com/pod-product-compliance
Lightning Source LLC
Chambersburg PA
CBHW071316150426
43191CB00007B/645